Engelbert Baumeister

Rokokokirchen Oberbayerns

Verlag
der
Wissenschaften

Engelbert Baumeister

Rokokokirchen Oberbayerns

ISBN/EAN: 9783957002600

Auflage: 1

Erscheinungsjahr: 2014

Erscheinungsort: Norderstedt, Deutschland

Hergestellt in Europa, USA, Kanada, Australien, Japan
Verlag der Wissenschaften in Hansebooks GmbH, Norderstedt

Cover: Foto ©Kurt F. Domnik / pixelio.de

Verlag
der
Wissenschaften

ROKOKO-KIRCHEN

OBERBAYERNS

VON

ENGELBERT BAUMEISTER

MIT 31 TAFELN IN LICHTDRUCK

STRASSBURG
J. H. Ed. Heitz (Heitz & Mündel)
1907

INHALTSVERZEICHNIS.

	Seite
Einleitung: Die Michaelskirche und die Kirchbauten des 17. Jahrhunderts	9—21
Rokoko-Kirchen Oberbayerns.	
I. Historische Uebersicht, Allgemeines	22—26
II. Das Aeußere	26—30
III. Grundriß	31—37
IV. Innerer Aufbau	37—49
V. Dekoration	50—71
1. Anfänge und Frührokoko	50—62
2. Uebergangszeit	62—66
3. Spätrokoko	66—71
VI. Deckenmalerei und innere Ausstattung	71—75
Schluss; Stellung und Bedeutung der kirchlichen Rokokokunst in Oberbayern	76
Verzeichnis der Tafeln	77—78

CHRONOLOGISCHES VERZEICHNIS DER ROKOKO-KIRCHEN OBERBAYERNS.

Hl. Blut	1704 stuck.
München, Bürgersaal	1709—1710.
Kreuzpullach	1710.
München, Dreifaltigkeitskirche	1711—1714.
Schliersee	1713—1714 stuck.
Tading	1714—1717.
Itzling	1716.
Murnau	1717—1727.
Fürstenfeld	1718—1741.
Freising, Dom	1723—1724 umgeb.
Schönbrunn	1723—1724.
München, Hl. Geist-Pfarrkirche	1724—1730 umgeb.
Urfarn	1727.
München, St. Anna auf dem Lehel	1727—1737.
Weyarn	1729 stuck.
Dietramszell	1729—1741.
Steingaden	1729—1745 umgeb.
Fischbachau	1730 stuck.
Garmisch, Neue Pfarrkirche	1730—1733.
Unseres Herrn Ruhe (bei Friedberg)	1730—1753.
Unering	1732.
München, St. Anna-Damenstiftskirche	1732—1735.
Ingolstadt, Bürgersaal Maria Viktoria	1732—1736.
München, St. Johann-Nepomukkirche	1733—1735.
Diessen	1733—1739.
Schäftlarn	1733—1764.
Mittenwald	1734.
Sandizell	1735—1737.
Reitenhaßlach	1735—1743.
Bayrisch-Zell	1736 stuck.
Oberammergau	1736—1742.
München, St. Jakob auf dem Anger	1737.
Berg am Laim	1737—1751.
Rottenbuch	1738—1757 umgeb.
Ruhpolding	1738—1757.
Prien	1738.
Ingolstadt, Franziskanerkirche	1739.
Partenkirchen (St. Anton)	1740.

Grafing (Dreifaltigkeitskirche)	1743 stuck.
Ettal	1745—1761.
In der Wies	1746—1754.
München, St. Peter-Pfarrkirche	1750 umgeb.
Neustift	1751—1756.
Berbling	1751—1756.
Grafrath	1752 umgeb.
Landsberg, Maltheserkirche (Jesuitenkirche)	1752—1754.
Andechs	1752—1756 umgeb.
Indersdorf	1754—1755 umgeb.
Wiechs	1754—1758.
Sigmertshausen	1755.
Aibling	1756.
Baumburg	1757 umgeb.
Landsham	1758.
Wessobrunn	1759.
Rott a. I.	1759—1763.
Marienberg	1761—1764.
Altomünster	1763.
München, St. Georg in Bogenhausen	1766—1768.
Inning	1767.
Raisting	1767—1782.
St. Leonhard im Forst	1770.
Bergkirchen	v. M. 18. J.
Delling	2. H. 18. J.
Perchting	2. H. 18. J.
Eschenlohe	2. H. 18. J.
Starnberg	2. H. 18. J.

Abkürzungen:

stuck. = stuckiert, umgeb. = umgebaut, v. M. 18. J. = vor Mitte des 18. Jahrhunderts. 2. H. 18. J. = zweite Hälfte des 18. Jahrhunderts.

EINLEITUNG.

DIE MICHAELSKIRCHE UND DIE KIRCHENBAUTEN DES 17. JAHRHUNDERTS.

Schon vor dem Ausbruch des dreißigjährigen Krieges hatten die Fürsten in den süddeutschen Landen begonnen, den Protestantismus auszurotten. Als willkommenes Werkzeug dienten ihnen hierzu die Jesuiten, die sich ihrerseits in den Herrschern am besten geschützt sahen. Der Jesuitismus errang denn dort auch bald große Erfolge — aber nicht nur auf dem Gebiete des Glaubens; auch die Kunst erfuhr durch sie eine völlige Umwälzung.

Die Jesuiten wurden in Italien vorgebildet, in Italien, wo durch die «Renaissance» ganz neue Kunstanschauungen zur Herrschaft gelangt waren. Diese neue Kunst lernten sie aus eigener Anschauung kennen und schätzen, lernten sie theoretisch auch in ihren Kollegien aus den Büchern des Vignola und anderer — und übertrugen sie freudig nach Deutschland in ihre von dem Gelde der Fürsten ihnen neu errichteten Heime.

Die erste und liebevollste Aufnahme in Deutschland empfing der Jesuitismus in Bayern. In der Hauptstadt dieses Landes, in München, wurde ihm von Herzog Wilhelm V. eine Pflegestätte bereitet, äußerlich durch einen gewaltigen fast festungsartigen Gebäudekomplex vertreten und sich schon dadurch als Bollwerk gegen den Protestantismus kennzeichnend.

Die Kirche des neuen Kollegiums, die Michaelskirche, (Taf. I, Fig. 1,2) entstand in den Jahren 1583—1597.

Wer ihr Erbauer, ist zweifelhaft. In den Baurechnungen finden wir öfters die Namen von Wendel Dietrich, einem ehemaligen Schreinermeister aus Augsburg und Sustris, einem Italiener mit der Unterschrift «Baumeister».[1] Von ersterem weiß man nur, daß er Werkzeichnungen für die Michaelskirche angefertigt hat, unbekannt dagegen ist, ob er je in Italien war.[2] Ohne diese Voraussetzung bezeichnet Bezold[3] es geradezu als «psychologische Unmöglichkeit», Dietrich als Urheber der Bauidee anzusprechen. Auch Sustris Anwartschaft auf den Entwurf des Grundplanes ermangelt jeglichen Beweises. Am wahrscheinlichsten ist, daß ein Mitglied des Jesuitenkollegiums den Plan entworfen hat, wie sich das anderwärts mehrfach nachweisen läßt,[4] bei der Ausführung des Baues aber Deutsche und Italiener tätig waren, von denen Wendel Dietrich und Sustris eine hervorragende Stellung einzuräumen ist.

Dies entspricht auch dem Charakter des Baues, der «kein unmittelbares Vorbild»[5] in Italien hat, bei dem der italienische Grundgedanke durch deutsche Elemente verbrämt scheint.

In der Michaelskirche in München greifen Bauideen Platz, die in scharfem Widerspruche zu der bisher gepflogenen gotischen Bauweise stehen, Bauideen, die in Italien gereift waren und nun als etwas ganz Neues in die kirchliche Baukunst Deutschlands verpflanzt wurden. Die neuen künstlerischen Gedanken lassen sich etwa in Folgendem kurz zusammenfassen: Vernachlässigung des Aeußeren, Betonung des Innern, im Innern Streben nach einheitlicher Gesamtwirkung[6] und reiche Dekoration.

Nur die Fassade der Michaelskirche ist reicheren künstlerischen Schmuckes gewürdigt, die freie östliche Langseite ist künstlerisch recht arm, der Chor am meisten an die Gotik anklingend, ist durch die Strebebögen wieder mehr belebt.

---

[1] Gmelin, Die St. Michaelskirche in München S. 34, 35.
[2] Gmelin, Die St. Michaelskirche in München S. 18.
[3] Die Kunstdenkmäler Oberbayerns S. 928.
[4] Jesuitenkirche Innsbruck; Gurlitt, Barockstil in Deutschland S. 17; Altötting, St. Magdalena; Kunstdenkmäler Oberbayerns S. 2406.
[5] Gurlitt, Barockstil in Deutschland S. 16.
[6] Vgl. Zeitschr. d. bayr. Kunstgewerbev. 1893 S. 3, 4; Riehl, Studien über Barock und Rokoko in Oberbayern.

Freilich war die Michaelskirche als Ordenskirche von vornherein durch die Ordensgebäude beschränkt. Denken wir aber an das reiche Leben, welches die Gotik in ihren Strebepfeilern und -bögen, ihren Fialen, Wimpergen und Baldachinen entfaltet, so muß uns das Aeußere der Michaelskirche nüchtern erscheinen.

Bei dem spärlichen Aeußeren wirkt das Innere der Michaelskirche überraschend. Wer vermutet hinter der anscheinend schmalen Fassade den mächtigen saalartigen Raum mit dem weiten Tonnengewölbe! Im Aeußeren Zersplitterung, im Innern straffe Konzentration. Ein großer Raum mit einem Gewölbe leitet unmittelbar zum Chor mit Vernachlässigung aller Nebensachen. Die Seitenschiffe sind zu Kapellen verkümmert, das Querschiff springt nicht über die Flucht der Längsmauern hinaus. Freilich erstrebte man bei den gotischen Hallenkirchen auch Einheitlichkeit des Raumes, — aber wie wenig wurde sie im Vergleich zur Michaelskirche erreicht! Bilden doch die Pfeilermassen häufig beinahe Mauern, ergibt sich das Gewölbe doch erst aus der Summierung einer Unzahl kleiner Gewölbe.

An Stelle der gotischen Dienste treten in der Michaelskirche klassische Pilaster, die Gurtbögen aufnehmend — zwei Ordnungen übereinander, — das Innere gliedernd und belebend.

Der Chor der Michaelskirche erinnert am meisten an die Gotik. Er ist ausgedehnt, um den Ordensbrüdern Platz zu gewähren und schließt in fünf Seiten des Achtecks. Eine Halbkugel überspannt die Apsis. Zahlreiche hoch angelegte Fenster machen ihn zum «Lichtpunkte» der ganzen Kirche.

Ganz beispiellos steht dem bisherigen Kunstbrauche die Dekoration (Taf. II, Fig. 3) gegenüber.

Sie sprengt die Fesseln, die ihr bisher von der Architektur auferlegt wurden und beginnt selbständige Bahnen zu wandeln. Sie sollte sich in der Folgezeit am entwicklungsfähigsten erweisen.

Bei der Michaelskirche bot die mächtige architektonisch nur durch die Gurte gegliederte Fläche des Tonnengewölbes der Dekoration die beste Gelegenheit, sich frei zu entfalten.

Innerhalb der einzelnen Joche tritt sie uns ganz selbständig entgegen, ist sie nur um ihrer selbst willen da. Sie besteht aus einem Rahmenwerk von Rechtecken, Quadraten, Ovalen und Kreisen, im einzelnen klassizistisch steif anmutend, in der Gesamtwirkung aber durchaus edel. Die Felder werden von Eierstäben und Profilen umrahmt, bei einzelnen ist der Mittelpunkt durch Rosetten hervorgehoben, die meisten sind frei. In ähnlicher Weise entwickelt sich die Dekoration im Chore, an den Wandflächen der Seitenmauern, an den Halbkuppeln der Seitenkapellen, an den Quertonnen der Emporen. Hier sehen wir als Füllung der Felder auch Festons und Kartuschen. Am reichsten und malerischsten ist der Chor dekoriert. In dem Querschiffe finden wir eine eigenartige großzügige Kartuschendekoration. Sämtliche Ornamente sind ganz weiß gehalten.

Die Michaelskirche bedeutet in der gesamten deutschen Baukunst einen Wendepunkt, sie ist der erste Kirchenbau auf deutschem Boden, in dem die in Italien neu geschaffenen und weiter entwickelten Formenelemente der «Renaissance» frei verwertet sind. Für Bayern aber bedeutet sie mehr, für Bayern bedeutet sie kunstgeschichtlich die Grundlage, die Mutterkirche der Kirchenbauten des 17. und 18. Jahrhunderts.

«Im Getöse der Waffen muß die Kunst schweigen.» Solange der dreißigjährige Krieg in Deutschland wütete, war die Kunst lahmgelegt. Bayern blieb verhältnismäßig lange vom Kriege verschont, um dann nach der Schlacht von Breitenfeld (1631) um so schwerer heimgesucht zu werden. Aber auch vorher entstanden keine größeren kirchlichen Bauten. Dazu fehlte es angesichts der drohenden Kriegsgefahr an Stimmung und Geld. Dagegen wurden bis ca. 1630 besonders auf dem Lande vielfach kleinere Kirchen gebaut. Sie geben uns über die weitere Entwicklung der kirchlichen Baukunst in Bayern Aufschluß.

Daß die gewaltige Neuschöpfung der Michaelskirche nicht ohne Einfluß sein sollte, war klar. Wer modern gesinnt war, dem erschien die alte gotische Weise abgeschmackt, der sah in der in der Michaelskirche eingeschlagenen Richtung das neue Ideal. Bis nach Oesterreich wirkte die Michaelskirche befruchtend. «Die Jesuitenkirche in Hall kennzeichnet sich als eine Studie nach St. Michael.»[1] Natürlich mußte in ihrer Heimat, in Bayern, der Einfluß der Michaelskirche um so größer sein. Die Ignazkirche in Landshut ist «geradezu eine verkleinerte Nachbildung»[2] derselben. Ebenso können in ihrer näheren Nachbarschaft die Kirchen von Weilheim (Pfarrkirche) (1624 —1631) und Beuerberg (1628—1630) ihre Mutterschaft nicht verleugnen.

Neu ist bei den beiden letztgenannten Bauten der Verzicht des Querschiffes — an seine Stelle tritt ein viertes Joch — und das Einschneiden von Stichkappen in das Tonnengewölbe zwecks besserer Beleuchtung.[3] Sonst aber alles wie bei der Michaelskirche: saalartiger Raum mit Tonnengewölbe, schmale Seitenkapellen mit Quertonnen, Pilastergliederung, geometrische Felderdekoration.

Ebenso geht der erste Grundriß der ehemaligen Jesuitenkirche zu Burghausen[4] auf St. Michael zurück, was um so begreiflicher erscheint, da ihr Entwurf (1629) von dem kurfürstlichen Hofmaurermeister Isaak Paader stammt, der beim Baue des Münchener Jesuitenkollegiums als Palier gearbeitet hatte.[5] Auch in Burghausen ist das Querschiff fortgefallen.

In der St. Karl-Borromäuskirche (ehemaligen Paulanerkirche) zu München (1621—1623) sehen wir ebenfalls die Dekorationsmotive des neuen Stiles verwertet. Die Dekoration bemächtigt sich hier auch der Gewölbegratlinien, die sie mit Lorbeerstäben besetzt; eine Weise, die später sehr gewöhnlich wurde und bereits in der Silberkammer der Residenz (1580—1590) Anwendung gefunden hatte.[6] Vielfach wurden jetzt auch die alten gotischen Kirchen im Sinne des neuen Stiles verändert. So in München die ehemalige Augustinerkirche (1620). Bedeutender als diese sind die Kirchen zu Polling (1621 —1628), Tuntenhausen (1627—1630) und Aufkirchen (1626).

---

[1] Gurlitt, Barockstil in Deutschland, S. 17, 18.
[2] Gurlitt, Barockstil in Deutschland, S. 28.
[3] Auch die Chorpartie ist variiert.
[4] Zwei Planzeichnungen im Kgl. Allg. Reichsarchive München, Jesuitenakten. Kunstdenkm. Oberb., S. 2442.
[5] Geschichte der Jesuiten in Bayern von Lang. Kunstdenkm. Oberb., S. 2141.
[6] Unter demselben Bauherrn, Herzog Wilhelm V.

In der Kirche zu Polling (Taf. II, Fig. 4) mahnen nur die Spitzbogen im Langhaus und die achteckigen Pfeiler an den gotischen Bau, im übrigen ist die Kirche ganz von den neuen Stilgedanken erfüllt. Die Dekoration bestimmt den Gesamteindruck: Quadraturarbeit in den verschiedensten den Gewölben sich anpassenden Formen in klassischer Profilierung[1] Architektonisch ist die Verschmelzung der alten und neuen Gedanken weniger glücklich gelöst — man verbaute das Querschiff und fügte einen neuen Chor an dasselbe an — immerhin kann man dem Innern einen überaus malerischen Eindruck nicht absprechen.

Radikaler verfuhr man beim Umbau der Wallfahrtskirche zu Tuntenhausen (1627—1630). Man riß alles nieder bis auf die Türme und den Chor. Um den Chor, den alten Kern, gruppierte man die neuen Bauteile. So erklären sich die Seitenschiffe, vom Mittelschiff durch weitgestellte Pfeiler getrennt, und der Chorumgang. Die Dekoration ist reicher als in Polling: Fruchtgehänge, Tuchdraperien, Genienköpfe mit Fruchtkelchen u. a. erfüllen das der Pollinger Kirche verwandte Rahmenwerk.[2][3] Die Wallfahrtskirche zu Tuntenhausen macht einen durchaus einheitlichen harmonischen Eindruck, sie ist ein vorzügliches Beispiel für die glückliche Durchführung der neuen Bauideen auf einer alten Basis.

Schonungsvoller gegen die Gotik ging man beim Umbau der Kirche zu Aufkirchen (1626) vor. Man beschränkte sich darauf, die Kirche in die neue Dekoration einzukleiden: das gotische Netzgewölbe ließ man im wesentlichen bestehen, die Hohlkehle der Gewölberippen versah man mit Herzlaub, an der Durchschneidung der Rippen brachte man an Stelle der gotischen Schlußsteine Rosetten an.

Tritt uns in den eben besprochenen, im Geiste des beginnenden 17. Jahrhunderts veränderten gotischen Kirchen ein

---

[1] Sie erstreckt sich auch auf die Pfeiler, denen originelle Kapitelle gegeben sind.

[2] Das den Stuckaturen an den Marmorkaminen des alten Schleißheimer Schlosses ähnlich sein soll. Kunstdenkm. Oberb. S. 1674. Kurfürst Maximilian nahm persönlich Anteil an dem Bau, er verordnete von München einen Bauverständigen nach Tuntenhausen. Kunstdenkm. Oberb. S. 1673.

[3] Auch die Dekoration der benachbarten Kirche von Feldkirchen (c. 1630) trägt ähnliche Züge. Kunstdenkm. Oberb. S. 1944.

eigentümlicher Mischstil entgegen, so begegnen wir einem ähnlichen Mischstil in kirchlichen Neubauten aus derselben Zeit, die sich nicht ganz frei von der Gotik machen konnten, in denen der gotische Stil ausklingt.

Zu dieser Gruppe zählt die Kirche zu Dachau (1624—1625). Es ist eine dreischiffige Hallenkirche. Das Mittelschiff ist von einem Kreuzgewölbe überspannt, die Seiten von Quertonnen mit Stichkappen. Die bescheidene Dekoration — Herzlaub und Eierstäbe — beschränkt sich auf die Gewölbegrate und Profile.

Ein ähnliches Verhältnis von alten und neuen Formen treffen wir in der Salinenkapelle zu Traunstein (1630) und der Wallfahrtskirche Maria Eck (1635); man kann sie schlechtweg als gotisierende Kirchen bezeichnen.

Fast unberührt von der neuen Stilrichtung lebt die Gotik in kleinen Landkirchen bis Ende des 17. Jahrhunderts in Bayern weiter.

Aus der Miesbacher und Ebersberger Gegend nennen wir beispielsweise die Schloßkapelle von Wattersdorf (1610), die Kapelle von Reitham, die Kirche zu Allerheiligen, die Schwedenkapelle bei Berganger.[1]

So hatte man bis ca. 1630 in Bayern munter weiter gebaut, an größere Aufgaben hatte man sich nicht gewagt, im Kleinen aber war man — wie wir gesehen haben — bemüht gewesen, fortzuschreiten, im Kleinen hatte sich der neue Stil ständig weiter entwickelt.

Im Jahre 1632 brach aber das Unwetter des dreißigjährigen Krieges so fürchterlich über Bayern herein, daß es mit der Baukunst für lange Zeit vorbei war. Sie erwachte erst wieder nach dem Friedensschlusse (1648).

Von dem geistigen Umschwunge nach dem Kriege berichtet Gurlitt: «Die Macht der dem Protestantismus am längsten anhangenden Städte war gebrochen, die Einheit des Glaubens in dieselben hineingetragen, das katholische Gewissen mächtig geweckt. Es kam eine fast mittelalterliche Bußfertigkeit über die Lande. Zahlreiche wohlhabende Jünglinge meldeten sich

---

[1] Kunstdenkm. Oberb. S. 1418, 1419, 1323.

zum geistlichen Leben, bedeutende Stiftungen für die Ruhe der Seelen stärkten Vermögen und Macht der Ordensgemeinschaften . . . . . .»[1]

Die Früchte dieser neuen Geistesrichtung pflückte die Kunst in Bayern freilich erst im 18. Jahrhundert. Unmittelbar nach dem Kriege ist die Bautätigkeit in Bayern gering. In den Kirchen von Möschenfeld (ca. 1650), Habach (1663—1668), Ilgen (1676) finden wir Beispiele für die Anknüpfung an die von der Michaelskirche ausgehenden Richtung. Die Dekoration dieser Kirchen besteht in der uns bekannten Quadraturarbeit, ist aber flacher, derber und gehäufter als im Anfange des 17. Jahrhunderts; die Strenge des Geometrischen scheint gemildert.

Wie man von der Gotik jetzt dachte, erhellt aus den Verhandlungen, die beim Umbau der ehemaligen gotischen Pfarrkirche in Erding gepflogen wurden:[2] Am 6. September 1666 berichtet der «kurfürstliche Pflegsverwalter» Tobias Poegel an den «kurfürstlichen geistlichen Rat» in München, daß die Erdinger Stadtkirche dringend der Reparatur bedürfe, «zemalen auf etlich Meill Weegs und zwar sogar auf dem Landt nit baldt ein so altvätterisches, rueßiges und sonderbares mit Altarn schlecht geziertes Gottshauß ze fünden sein würdet». Der Dechant von St. Peter faßt nach Besichtigung der Erdinger Kirche ein Schreiben an den «geistlichen Rat» ab, in dem er die gotischen Gewölberippen «altfränkische Gräd oder Senckel» nennt, die «abgepeckht» werden sollen, zumallen sich nur die Spinnwethen und Staub darzwischen aufhalten».[3]

Erst gegen Ende des 17. Jahrhunderts begann das künstlerische Leben in Bayern wieder reicher zu strömen.

Als lokaler Kuriosität sei zunächst der Miesbacher Maurerzunft gedacht. Im Miesbachschen bildete sich nämlich ein Geschlecht von Maurern aus, die mehrere Generationen hindurch eine eigentümliche Dekorationsart pflegten. Sie hielten an der geometrischen Feldereinteilung fest, schmückten aber

---

[1] Gurlitt, Barockstil in Deutschland, S. 126.
[2] Kunstdenkm. Oberb. S. 1203.
[3] Kunstdenkm. Oberb. S. 1204.

die Felder in oft gedrängter und unübersichtlicher Weise mit Figürlichem, das sie derb und beinahe plastisch herausarbeiteten. Ihre Kunst ist von geringer Bedeutung, sie trägt viel Handwerkmäßiges.

Künstlerisch bedeutender und fruchtbarer ist eine andere Lokalschule, die Wessobrunner Stuckatorenschule.[1] Die Kunst der Wessobrunner floß zwar auch aus fremden Quellen — italienische und französische Anregungen lassen sich nicht verkennen — hat aber auf ihrem Höhepunkt angekommen, sich ihres Ursprungs fast gänzlich entäußert.

Die Wessobrunner bedeckten ihre ganzen Kirchen- und Klostergewölbe mit Blattornamenten (Akanthus und einheimische Motive). Die Ornamente, technisch sehr gut ausgeführt, sind stark plastisch durchgebildet; dadurch wird eine kräftige Schattenwirkung erzielt, die in lebhaftem Kontraste zu den weißen Ornamenten von interessanter künstlerischer Wirkung ist.

Besonders bezeichnend für die Schule sind in Bayern, abgesehen von dem Jagdsaal in Wessobrunn (Taf. III, Fig. 5), die Kirche in Kaufering und die Pfarrkirche in Landsberg.

Immerhin darf man in der Wertschätzung der Meister aus dem Dörfchen Wessobrunn nicht zu weit gehen. Es läßt sich nicht leugnen, daß sie ihre Motive schematisch wiederholen; die Vorzüge ihrer Kunst beruhen hauptsächlich in ihrer brillanten Technik, zu freiem, künstlerischem Schwunge kann sich ihre Phantasie nicht aufraffen. Das Hauptverdienst der Schule liegt darin, noch vor ihrem Erlöschen eine Reihe Künstler ausgebildet zu haben, die im 18. Jahrhundert, im Zeitalter des Rokoko, Hervorragendes leisten sollten. Zu diesen zählen Joseph Schmuzer, Johann Georg Ueblhoer, die Gebrüder Feuchtmayer und vor allem Johann Baptist Zimmermann, der tüchtigste bayerische Rokokomeister.

Werfen wir einen Rückblick auf die bisherige Entwickelung der kirchlichen Baukunst in Oberbayern im 17. Jahrhundert, so ergibt sich Folgendes: Durch den Hof wird durch den Bau

---

[1] Vgl. Hager, Die Bautätigkeit und Kunstpflege im Kloster Wessobrunn und die Wessobrunner Stuckatoren, Oberb. Archiv 48.

der Michaelskirche eine neue Richtung praktisch angebahnt. Infolge der Ungunst der Verhältnisse entstehen in der Folgezeit nur kleinere Kirchen, in denen die neu eingeschlagene Richtung weiter verfolgt wird. Der Bau dieser Kirchen ist vorwiegend Sache der bürgerlichen Geistlichkeit, des Volkes im Gegensatz zum Hofe. Das Volk bevorzugt einheimische Meister, schon weil sie billiger arbeiten. Letzteres wird erwiesen durch die einheitliche stilistische Entwicklung, die sich — wie wir sahen — ohne fremde Störung vollzog, und durch die freilich spärlich fließenden schriftlichen Quellen, die keine ausländischen, wohl aber einzelne deutsche Meister namhaft machen.[1] Im Geiste des Jahrhunderts liegt die Hochachtung vor der italienischen Kunst, die durch die Renaissance ihren Weltruf begründet hat. Die einheimischen Meister arbeiten daher zunächst nach dem Beispiele der Michaelskirche, sind ferner Anregungen italienischen Kunstbrauches wohlgeneigt. Es sind meist einfache Maurermeister ohne große künstlerische Phantasie, aber, wie wir gesehen haben, ganz tüchtige und geschickte Kräfte.

Der durch den Krieg abgeschnittene Entwickelungsfaden der kirchlichen Baukunst wird nach dem Friedensschlusse wieder langsam angesponnen und allmählich kräftiger fortgeführt.

Soweit waren die Verhältnisse auf dem Gebiete des Kirchenbaues in Bayern gediehen, als im Jahre 1652 Ferdinand Maria die Prinzessin Adelaide von Savoyen aus Turin als Gemahlin heimführte. Diese Fürstin, eine geistig hochstehende Frau, suchte die ihr vertraute italienische Formenwelt nach dem Norden zu verpflanzen und berief Scharen von italienischen Künstlern nach München, um Bauten und Umbauten im italienischen Geschmack vorzunehmen. Ferdinand Maria war um so geneigter, den Wünschen seiner Gemahlin zu willfahren, als er das Bedürfnis fühlte, sich seiner neuen Kurwürde gemäß einzurichten, und allerorten jetzt im Zeitalter des unbeschränkten

---

[1] Am Umbau der Wallfahrtskirche zu Tuntenhausen waren Veit Schmidt aus München und Caspar Pfisterer beteiligt, Kunstdenkm. Oberb. S. 2314 und 1673. Der letztere stuckierte auch die Augustinerkirche zu München, Kunstdenkm. Oberb. S. 2314. Wolf König erbaute die Salinenkapelle und die Wallfahrtskirche Maria Eck, Kunstdenkm. Oberb. S. 1711.

Absolutismus die Fürsten wie nie zuvor ausländische Künstler begünstigten. «Die Architektur der bayerischen Hauptstadt erhielt völlig italienische Grundzüge»,[1] da die Vornehmen dem Beispiele des Hofes folgten. Verhältnismäßig spät freilich kamen die künstlerischen Pläne der Kurfürstin[2] zur Ausführung. Das neue Schloß, welches auf Wunsch Adelaides gebaut wurde, Schloß Nymphenburg, wurde erst 1663 begonnen, in den Jahren 1665—1667 erfolgte die Italienisierung ihrer Häuslichkeit, entstanden die «päpstlichen Zimmer» der Residenz.

Aber auch in den Kirchenbau griff die Kurfürstin entscheidend ein. Ihrem Gelübde[3] verdankt die Theatinerkirche in München ihre Entstehung (1663—1675).

Die Theatinerkirche ist von dem Bolognesen Agostino Barelli entworfen.[4] Sie fällt aus dem Rahmen der bisherigen Entwicklung vollkommen heraus, ihr Import ist unverkennbar. Sie redet die Sprache des schwer prunkenden italienischen Barocks, eine hochtönende Sprache, die wohl imponiert, aber nicht zum deutschen Herzen spricht.

Weniger das Vorbild der Theatinerkirche, als die allgemeine Begünstigung der Welschen, in der der Hof vorangegangen, mag es veranlaßt haben, daß jetzt im bayerischen Lande eine Reihe Kirchen im italienischen Geschmacke gebaut wurden. Sie fallen uns durch ihre mehr oder weniger schwere, oft schwülstige Dekoration auf, ihrem Streben nach Effekt, das der bisherigen deutschen Kunst so fremd war, in Italien aber nicht genug gesteigert werden konnte.

Die Italiener, die die regste Tätigkeit im Kirchenbau in Bayern am Ende des 17. Jahrhunderts entfalteten, sind die Mitglieder der Architektenfamilie Zuccali und Lorenzo Sciasca.[5]

Caspare Zuccali (1629—1678) baute das Langhaus der Oswaldikirche in Traunstein (1675), das Kloster und die Kirche

---

[1] Gurlitt, Barockstil in Deutschland S. 124.
[2] Wie selbständig sie verfuhr, erhellt aus den Briefen an ihre Mutter; Heigel, Nymphenburg S. 10.
[3] Sie hatte den Theatinern nach der Geburt eines Erbprinzen eine Kirche gelobt.
[4] Die Türme wurden 1690 von Enrico Zuccali gebaut.
[5] Kunstdenkm. Oberb. S. 1711, 1712.

in Gars (1661 begonnen, 1690 geweiht) und die Kirche zu Hilgertshausen; 1668 wurde er Hofmaurermeister in München. Berühmter ist sein jüngerer Schwager Enrico Zuccali (c. 1643—1724), dem wir später wieder begegnen werden. Ihm wurden vom Hofe umfangreiche Aufgaben gestellt. Der weitere Ausbau der Theatinerkirche und wohl auch die Ausschmückung des Innern ist im wesentlichen sein Verdienst.[1] Einem anderen kirchlichen Wunsche des Kurfürsten Ferdinand Maria kam er nach, indem er den Plan zu einer Votivkirche[2] über der alten Gnadenkapelle in Altötting entwarf. Der Bau derselben wuchs freilich nie über die Fundamente (1674) heraus. Erwähnt sei ferner zu seiner besseren Charakterisierung seine hervorragende Tätigkeit bei den Erweiterungsbauten der Residenz und dem Neubaue des Schlosses Schleißheim. Er erhielt denn auch die Würde eines Hofbaumeisters.

Domenico Christoforo Zuccali war in Altötting, Kloster Au und Gars beschäftigt.

Lorenco Sciasca, der bereits unter Caspare Zuccali als Palier beim Bau des Langhauses der Oswaldikirche gearbeitet hatte, stellte später (1694) selbständig den Chor dort fertig, erbaute ferner die Kirchen zu Herrenchiemsee (1653—1688), Weyarn (1687—1693) und Gmund (1688—1690).

Von dem Jesuitenlaienbruder Heinrich Maier aus München wurde die Ausschmückung der Sebastianskapelle zu Ebersberg (1669) mit Hilfe italienischer Gesellen durchgeführt. In ihr mischt sich Altes und Neues. Nirgends kann man das Eindringen des italienischen Barocks in die bisher ausgebildeten Dekorationsformen so deutlich wie hier beobachten. (Taf. III, Fig. 6.)

Die bedeutendsten Werke italienischer Kunst nach der Theatinerkirche (1663—1675) sind die Kirchen zu Benediktbeuren (1683—1686) und Tegernsee (1684). Ihre Schöpfer sind bisher nicht ermittelt worden. Interessant ist, daß, trotzdem

---

[1] Gurlitt, Barockstil in Deutschland S. 126.
[2] Seine Entwürfe sind in der Kapellstiftungs-Administration zu Altötting und im Reichsarchiv zu München erhalten; Kunstdenkm. Oberb. S. 2393; Monatsschrift der hist. Ver. v. Oberb. 1896 S. 50, 51.

sonst fast alles auf italienische Hände weist, die Malereien von einem Deutschen sind: Hans Georg Asam. Hier ist der Deckenmalerei zum ersten Male in Oberbayern in größerem Umfange Feld eingeräumt.

Wir sind auf die kirchlichen Werke italienischer Baukunst in Oberbayern am Ende des 17. Jahrhunderts nicht näher eingegangen. Absichtlich nicht. Denn die Arbeiten der Italiener um diese Zeit schieben sich wie ein Keil in die Tätigkeit der Deutschen ein. Die importierte italienische Kunst macht der Entwickelung deutscher Kunst, die nach dem 30jährigen Kriege sich langsam zu erheben begann, ein jähes Ende, ohne dafür die Grundlage einer neuen Entwicklung zu bieten. Wohl verdanken wir ihr bedeutende Bauten, aber selbst die Theatinerkirche nimmt nicht im entferntesten die Stellung ein wie die Michaelskirche. Von der Michaelskirche ging ein fruchtbarer Strom von Anregungen aus, die Theatinerkirche spendet der Zukunft nur wenig. Die Unruhe der Zeit mag schuld daran gewesen sein. Niemals mögen sich in der Kunst soviele Strömungen gekreuzt haben, wie um die Wende des 17. Jahrhunderts. Erst im 18. Jahrhundert klärte sich der Most, war das nationale Können soweit erstarkt, daß man reinen Wein in die Fässer füllen konnte.

Haben wir bisher den Boden für die kirchliche Baukunst des 18. Jahrhunderts geprüft, so müssen wir uns jetzt an unsere Hauptaufgabe machen, zu untersuchen, was darauf gewachsen ist.

ROKOKO-KIRCHEN OBERBAYERNS.

I. HISTORISCHE ÜBERSICHT, ALLGEMEINES.

Im ersten Drittel des 18. Jahrhunderts ist der Hof noch der Hauptträger der bayerischen Kunst, von ihm gehen die großen künstlerischen Umwälzungen aus, die ihren Widerhall im Volke finden, im weiteren Laufe des Jahrhunderts schwindet der Einfluß des Hofes, aus dem Volke wächst eine selbständige Kunst hervor.

Unter Max Emanuel (1679—1726), dem Nachfolger Ferdinand Marias ist der italienische Einfluß im Sinken begriffen, ein anderes Volk macht den Italienern in künstlerischen Dingen den Rang streitig, die Franzosen.

Lag dieser Umschwung allgemein im Geiste der Zeit, so war die Aufnahme französischer Kunst in Bayern — ebenso wie der italienische Einfluß am Ende des 17. Jahrhunderts — durch besondere Umstände erleichtert. Max Emanuel hatte durch seine intimen Beziehungen zu Ludwig XIV. Gelegenheit, französische Kunst in ihrer Heimat kennen und schätzen zu lernen, französischer Kunst, deren graziöse Schönheit bald allgemein empfunden wurde, bereitete er daher auch in seinem Lande liebevolle Aufnahme. Er berief französische Künstler[1] wie Debut[2] und Cuvilliés[3] nach Bayern und ließ den Deutschen Joseph Effner auf eigene Kosten in Paris ausbilden.

---

[1] Schon am Hofe Ferdinand Marias hatten sich französische Künstler aufgehalten, z. B. Pierre Mignard, hatten aber gegen die Italiener nie recht aufkommen können; Trautmann, Fürstenfeld.
[2] 1716 in München nachweisbar.
[3] 1724 in München.

Freilich war Max Emanuel nicht der Charakter, der eine Partei dauernd und ausschließlich bevorzugt hätte, auch die Italiener ließ er neben den Franzosen weiter gelten, ja selbst deutsche Künstler erfreuten sich seines Wohlwollens.

Bei Max Emanuel ist ebensoviel Licht wie Schatten. Er hat seinem Volke viel Ruhm aber auch viel Unheil gebracht. Dauernd war er in Kriege verwickelt, aus denen er nicht immer als Sieger hervorging. Die böseste Zeit brachte der unglückliche spanische Erbfolgekrieg (1701—1714), dessen Schauplatz vorwiegend Bayern war.

Max Emanuel verlor aber nie den Mut und die Tatkraft. Es ist daher sein besonderes Verdienst, daß, trotz der politischen Wirren, die Kunst in Bayern fröhlich blühte, daß sie neue frische Impulse empfing, die einer ruhigeren Zeit vorbehalten wurden zu verarbeiten und zu verwerten.

Am angelegensten ließ sich der prachtliebende Max Emanuel die Erbauung neuer Schlösser sein, resp. die Erweiterung der alten.

In der Residenz ließ er durch Enrico Zuccali Veränderungen vornehmen. Das Schloß Nymphenburg erfuhr wesentliche Erweiterungen, zuerst unter der Leitung von Viscardi, später unter Effner; die Stuckarbeiten lieferte Dubut.

Die Lieblingsidee Max Emanuels war die Erbauung eines neuen Schlosses in Schleißheim. Den Plan entworfen hatte wieder Enrico Zuccali, den Bau beendet Effner; der erste Stuckator war wieder Dubut, neben ihm wirkten vornehmlich Johann Baptist Zimmermann und Johann Georg Bader. An den Deckengemälden waren Giacomo Amigoni, Cosmas Damian Asam und Gottfried Nicolas Stuber beteiligt.

Nirgends war für die deutschen Künstler in Bayern die Gelegenheit so günstig, die modernen ausländischen Formen kennen zu lernen und ihre Kräfte im Wettbewerb mit den Ausländern zu schulen, als bei dem neuen Schloßbau in Schleißheim.

Das kräftige persönliche Eingreifen, das Max Emanuels Verhältnis zur Kunst seines Landes kennzeichnet, war seinen beiden für unsere Zeit in Betracht kommenden Nachfolgern nicht eigen. Karl Albert (1726—1745) ließ sich bei der Bevorzugung der Franzosen von den allgemeinen Modeströmungen treiben, Max Joseph III. konnte sich der aus eigener Kraft errungenen Ebenbürtigkeit seiner Landeskinder nicht mehr verschließen.

Unter Karl Albert (1726—1745) entstanden im Kreise der höfischen Kunst die reichen Zimmer der Residenz (1730—1737), die Amalienburg (1734—1739), das Residenztheater (1750—1753), Bauten, in denen der Franzose François Cuvilliés unvergleichliche Werke sinnlich-graziöser Pracht schuf.

Max Joseph III. (1745—1778), eine sparsame nüchterne Natur, begnügte sich damit, die ihm von seinen Vorgängern überkommenen Schöpfungen zu konservieren, sein Hauptverdienst für die Kunst liegt in der Wahrung des Friedens.

Die Zeitläufte waren nach dem Utrechter und Rastatter Frieden (1713/1714) für die allgemeine Entwicklung der bayerischen Kunst günstig, erst der österreichische Erbfolgekrieg (1741—1748) brachte wieder Störungen.

Die Beschäftigung der fremden Künstler durch den Hof war von entscheidender Bedeutung für den Kirchenbau. Einmal weil man den ausländischen Künstlern, die sich bei Hofe einen Namen gemacht hatten, persönlich auch die Leitung von Kirchenbauten anvertraute; dann weil die vom Hofe herangezogenen einheimischen Künstler, die ihre Tüchtigkeit vornehmlich im Dienste der Kirche bewiesen hatten, durch das Schaffen neben den Fremden ihr Wissen und Können bereicherten. Ihre ferneren Arbeiten im Kirchenbau zeigen denn auch eine auffällige Steigerung ihrer Leistungen.

Rokoko-Kirchen sind die Kirchen des 18. Jahrhunderts getauft, denen eine bestimmte Stilart, das Rokoko, ihr Gepräge verleiht. Gewiß macht sich diese Stilart schon allein in den Architekturen der genannten Kirchen vielfach bemerklich, zu eigentlicher Aussprache kommt sie aber doch erst in der Dekoration. Die Dekoration bedeutet denn auch geradezu die Handschrift dieser Kirchen, sie allein verrät uns ihren näheren Charakter.

Die bedeutendsten Rokoko-Kirchen in Oberbayern sind Ordenskirchen. Das hängt mit dem erneuten Aufschwung der Klöster in den süddeutschen Landen im 18. Jahrhundert zusammen. Bereits im 17. Jahrhundert nach Beendigung des dreißigjährigen Krieges sahen wir das Klosterleben neue Bedeutung gewinnen (vgl. S. 15/16), in den ruhigeren Zeitläuften des 18. Jahrhunderts sollte ihm eine letzte Blüte beschieden sein.

Neben den Klosterkirchen gehören zu den glänzendsten Werken des Rokokozeitalters die Wallfahrtskirchen, die der neu erwachten Frömmigkeit und Opferfreudigkeit der Gläubigen ihre oft äußerst prunkvolle Ausbauung und Ausschmückung verdanken.

Zahlreich sind die ländlichen Rokoko-Kirchen von geringerer Bedeutung, ein Zeichen für die schnell errungene Volkstümlichkeit des neuen Stiles.

Verhältnismäßig wenig Bauten im Rokokogeschmack finden wir in Oberbayern unter den städtischen Pfarrkirchen.

Die Rokoko-Kirchen sind vielfach nicht Neubauten. Ebenso wie man zur Zeit der Gotik oft den alten Kern der romanischen Anlagen bestehen ließ, und ihm nur äußerlich die charakteristischen Züge der Gotik lieh, wandelte man im 18. Jahrhundert häufig die gotisierten romanischen und rein gotischen Kirchen dem neuen Zeitgeschmacke gemäß um.

Durchgreifende bautechnische Veränderungen waren dazu meist nicht nötig, handelte es sich gewöhnlich doch nur um die dekorative Umgestaltung der Wand- und Gewölbeflächen. Wenn man die gotischen Rippen[1] abschlug, die Fenster erweiterte, ev. Stichkappen in die Gewölbe einschneiden ließ, so genügte dies als Grundlage für eine Dekoration, die sich über eine große Fläche frei verbreiten und durch helle Beleuchtung zur Geltung kommen sollte. Wir haben dies Verfahren ja bereits im 17. Jahrhundert kennen gelernt, jetzt im 18. Jahrhundert wird es aber ungleich öfter und mit größerer Rücksichtslosigkeit durchgeführt. Im Anfange des 19. Jahrhunderts, als die Welt mit romantischen Anschauungen erfüllt war, hat man so modernisierte Kirchen verächtlich «verzopft» genannt, vielfach auch die «Verzopfung» wieder beseitigt. Sicherlich oft mit Recht, wenn die Dekoration nur rein äußerlich angeklebt

---

[1] Die in der Spätgotik ihre technische Bedeutung ohnehin verloren hatten.

war; in diesem Falle kann man die Reinigung der alten Bauformen nur freudig begrüßen. Vielfach jedoch ist die dekorative Umgestaltung mit solchem künstlerischen Geschick durchgeführt und so innig mit dem alten Bauwerke verschmolzen, daß sie sich ohne Schaden nicht mehr entfernen läßt.

II. DAS ÄUSSERE.

Ist auch die Dekoration bei den Rokoko-Kirchen wegen der unendlichen Mannigfaltigkeit ihrer Formen das wichtigste Element, so ist doch die Architektur nicht bei dem bereits im 17. Jahrhundert ausgebildeten Schema stehen geblieben. Freilich macht sich eine Entwicklung des rein Architektonischen nur im Grundriß und der inneren Gliederung der Bauwerke geltend; in der Ausbildung des Aeußeren hat man bei der Vernachlässigung, die schon das 17. Jahrhundert kennzeichnet, verharrt. Nur die Fassaden hat man als vorgelegte Schauseiten künstlerischerer Behandlung gewürdigt, das übrige Aeußere stellt sich nur als schmuckloser Mantel des Inneren dar.

Im Anfange des 18. Jahrhunderts hallt der italienische Stil in Bayern noch nach. Wir haben gesehen, wie derselbe sich am Ende des 17. Jahrhunderts in seiner barocken Ausbildung unter Begünstigung des Hofes in Bayern eingebürgert hatte. Jetzt im beginnenden 18. Jahrhundert mischt er sich in den kirchlichen Bauten mit den ersten Zügen des aufkeimenden Rokoko. Dabei fällt sein Hauptanteil auf die Architektur.

Der hervorragendste Vermittler der italienischen Kunst, «der letzte bedeutendere unter den italienischen Meistern in München»,[1] ist jetzt Giovanni Antonio Viscardi, seit 1685 bayerischer Hofbaumeister (gest. 1763). Wir haben seiner Tätigkeit am Hofe schon gedacht. Zuerst vom Hofe mit baulichen Aufgaben profaner Natur betraut, wird er von der Bürgerschaft jetzt auch zu kirchlichen Bauten herangezogen. Freilich sollte es ihm nicht vergönnt sein, seine Entwürfe selber praktisch durchzuführen, ihn ereilte vorher der Tod. Von denen, die seine

---

[1] Gurlitt, Barockstil in Deutschland S. 160.

Pläne verwirklichten, muß in erster Linie der Maurermeister Ettenhofer aus München genannt werden. Seine Werke auf dem Gebiete des Kirchenbaues sind in Bayern die Dreifaltigkeitskirche in München (1711—1718) und die ehemalige Klosterkirche zu Fürstenfeld bei Bruck (1718 bis 1736). Auch der Bürgersaal in München wird ihm zugeschrieben, doch wohl mit Unrecht, urkundliche Belege fehlen, und auch die stilkritische Untersuchung ergibt durchaus keine Anhaltspunkte für seine Beteiligung.

Der in Italien geschulte Viscardi verfügt natürlich über eine ganz andere Kenntnis der italienischen Architektur als die späteren deutschen Architekten der Rokoko-Kirchen.

Am auffälligsten tritt uns dieses bei dem Aeußeren der Dreifaltigkeitskirche entgegen. Bei keiner Kirche mit Rokoko-Dekoration ist das Aeußere so künstlerisch durchgebildet. Es kann auch kein Zweifel darüber sein, wo Viscardi seine Studien gemacht hat. Ziehen wir die römische Kirche S. Carlo alle quatro fontane von Borromini (1640—1667) zum Vergleiche heran, so wird uns ihre Verwandtschaft mit der Dreifaltigkeitskirche nicht entgehen. Dieselbe erstreckt sich nicht allein auf das Aeußere, sondern auch auf die Entwicklung des Aufbaues im Innern,[1] wir werden später noch darauf zurückkommen. Immerhin hat Viscardi nur die Grundgedanken Barromini entlehnt, die Einzelheiten hat er in selbständiger reizvoller Weise ausgebildet. Gurlitts Beschreibung[2] kann nicht übertroffen werden: «Interessant ist die Fassade, an welcher der südliche Kreuzflügel mit drei Seiten des Achteckes vor die Fluchtlinie vorspringt, im unteren Geschoß mit übereck verkröpften jonischen Pilastern und Vollsäulen auf das barockeste gegliedert wird, während über dem Gebälk der letzteren sich ein zweites, nur in der Vorderseite des Achtecks ganz ausgebildetes und von wild gebrochenem Giebel gekröntes, korinthisches Geschoß erhebt, das durch an den anderen Seiten angebrachte, kräftige Voluten gestützt wird. Spitze Obelisken über den Säulen und der Attika der Flügelbauten, bunt in ihren Formen wechselnde

---

[1] wofür der Grundriß die klarste Anschauung gibt.
[2] Gurlitt, Barockstil in Deutschland S. 160.

Fenster vollenden den durchaus auf malerische Wirkung berechneten Charakter des geistvoll entworfenen Baues».

Dagegen macht die Fassade von Fürstenfeld Viscardi wenig Ehre. Sie ist eine barocke Leistung übelster Potenz. Dreigeschossig, toskanische, jonische und korinthische Säulenordnungen verwertend, zeugt sie mit ihren übertrieben gehäuften Verkröpfungen und gebrochenen Giebeln von einer sonderbaren Verirrung des Schönheitssinnes und läßt sie als Schöpfung des Erbauers der Dreifaltigkeitskirche kaum als glaublich erscheinen.

Eine gleichfalls die Werke der deutschen Rokokoarchitekten überbietende Fassade verdanken wir dem Italiener Enrico Zuccali. Ihm gehört die Fassade der Klosterkirche von Ettal an (1710),[1] die er dem älteren gotischen Bau vorlegte und die nach Vernichtung desselben durch Feuer (1744) die mit Benutzung der alten Reste neuerbaute Rokoko-Kirche (1745—1752) schmückte.

Die unvollendete Fassade windet sich in doppelter konkaver Ausbuchtung, an drei Seiten des zwölfeckigen Hauptraumes sich anlehnend. Sie wird gegliedert durch eine Ordnung korinthischer Säulen und Pilaster auf hohen Sockeln. Die Interkolummien werden belebt durch Fenster, Nischen (zum Teil mit Statuen) und die Portaltüren; Türmchen (das südliche nicht vollendet)[2] schließen die Schauwand seitwärts ab.

Auch die deutschen Rokokobaumeister in Bayern bedienen sich in der äußeren Durchbildung ihrer kirchlichen Bauwerke der von ihnen fast bis zum mustergültigen Kanon versteiften italienisch-barocken Formensprache. Es ist kaum anzunehmen, daß von ihnen einer je in Italien gewesen ist; sie kennen vermutlich das italienische Bauelement des Barocks nur aus Stichen oder den älteren Bauten des 17. Jahrhunderts. Sie haben sich daher niemals in das Wesen des Barocks wirklich einleben können und verfallen bei einseitiger Anwendung gewisser ausdrucksloser Schmuckformen trockenstem Schematismus. Für eine große Zahl Rokoko-Kirchen kommen auch nur einfache Maurermeister in Betracht, die wohl über solides

---

[1] Nach G. F. Seidel, Kunstdenkm. Oberb. S. 620.
[2] Zur Zeit im Bau begriffen.

technisches Können aber über keine fruchtbare Phantasie verfügen. Die Architekten aber, die dank ihrer künstlerischen Begabung und besseren Schulung wirklich aus dem Aeußeren etwas hätten machen können, wenden ihre ganze Kraft zur kunstvollen Gestaltung des Innern auf. Die stiefmütterliche Behandlung des Aeußeren ist im Verlaufe von zwei Jahrhunderten nachgerade zur Gewohnheit geworden. Die Durchsicht der von Deutschen erbauten oberbayerischen Rokoko-Kirchen ergibt dann auch, was ihr Aeußeres betrifft, wenig Bemerkenswertes. Durch die zahlreichen Umbauten älterer Kirchen, deren Aeußeres keine wesentlichen Veränderungen aufweist, kommt ohnehin nur ein Teil der genannten Bauten für uns in Betracht.

Merkwürdig bleibt, daß auch die Kirchen, die durch ihre edle innere Architektur — von der Dekoration ganz abgesehen — hervorragen, äußerlich so trocken behandelt sind. In langweiligster Weise werden uns bei dem Fassadenschmuck — denn nur dieser kommt überhaupt in Betracht — toskanische, jonische und korinthische Säulen oder Pilasterordnungen, häufig auf Uebereck gestellten Basen übereinander gereiht, vorgeführt. Verkröpfungen und gebrochene Segmentgiebel vervollständigen gewöhnlich in ihrer unterschiedslosen Anwendung den monotonen Eindruck. Dieses trifft, um nur einige Beispiele herauszugreifen, zu bei den Kirchen von Diessen, Schäftlarn, Berg a. Laim, Rott a. Inn, Neustift bei Freising, Bauten, die in der künstlerischen Gestaltung ihres Inneren zu den besten Leistungen des Rokokozeitalters überhaupt gehören.

Größere Freiheit und Selbständigkeit in der Auffassung der äußeren italienischen Architekturformen als die meisten seiner «Kollegen» bekundet der Stadtbaumeister Gunezrhainer in der Front seiner St. Anna-Damenstiftskirche. Die Fassade ist eine einfache großzügige Leistung im Sinne der Italiener, leider wird sie durch das unmittelbar folgende Kirchendach arg gedrückt.

Trotz ihres aus der Nähe künstlerisch unbefriedigenden Aeußeren können viele Rokoko-Kirchen aus der Ferne, in der man nur ein stattliches Gebäude mit mannigfachem Wechsel der Massen sieht, vom rein malerischen Standpunkte sehr gut wirken. Dies ist besonders bei den Wallfahrtskirchen der Fall, die meist in schöner Gegend von Bergesgipfeln weit in die Lande grüßen.

Von derartigen Kirchen seien genannt: Andechs, Mariaberg, Baumburg, Diessen, St. Anton bei Partenkirchen (mit eigenartigem Treppenumgang).

Bei dem Bürgersaal in Ingolstadt (1732—1736) teilt sich die Stuckdekoration des Inneren auch dem Aeußeren mit. Es ist kein Zufall, daß diese Belebung des Aeußeren von keinem Architekten ausging, sondern von dem in Stuck- und Malerarbeiten vielfach gemeinsam tätigen Brüderpaare Cosmas Damian und Egid Quirin Asam. An der Fassade der St. Johann Nepomik-Kirche zu München (1735) haben sie freilich mit ungleich größerer Freiheit und künstlerischem Geschick ihr Dekorationstalent entfaltet. Es ist hier vor allem die Komposition der malerisch angeordneten Architekturglieder, die der Fassade das flüssige Leben verleiht, ohne doch der statischen Logik zu entraten: Zwischen mächtigen Pilastern, auf denen ein vielfach geschweifter Konsolengiebel lastet, wächst aus Feldgestein das Portal heraus; darüber reiche Fensterarchitektur. Von dem reinen plastischen Reliefschmuck des angrenzenden «Asamhauses» gehen Ausläufer auf die Kirche über: freischwebende Girlanden von Putten gehalten.

Die leichte spielende Dekoration, die der ältere Cuvilliés (1695—1768) zur Zeit Max Joseph III. (1745—1778) der Fassade der Theatinerkirche übergeworfen hat, ist derselben freien malerischen Tendenz entsprungen, die die Gebrüder Asam in ihrem letzten Werke vertraten, kann aber bei der strengeren Architektur der Theatinerkirche ihre spätere äußere Hinzufügung nicht verleugnen.[1]

Die Türme der Rokoko-Kirchen, vielfach von Pilastern an den Ecken gesäumt und aus dem Viereck ins Achteck übergehend, sind häufig von einer barocken Haube (Zwiebel) gekrönt, die in ihren geschweiften Formen ganz graziös sein kann.

Die kräftigste äußere Gliederung der Rokoko-Kirchen bewirken die großen, die Wandflächen durchbrechenden Fenster.

---

[1] Cuvilliés hatte schon früher in München Häuserfassaden dekorativ behandelt, u. a. die Paläste Piosasque de Non (1726—1732) (Theatinerstraße 16) und Holnstein (1733—1737) (erzbischöfliches Palais); Kunstdenkm. Oberb. S. 931.

III. GRUNDRISS.

Gegenüber der einförmigen Behandlung des Aeußeren zeigt der Grundriß der Rokoko-Kirchen in Oberbayern, trotz seines von Natur stabilen Wesens, eine so mannigfaltige Ausbildung, wie sie in der romanischen und gotischen Bauperiode nicht annähernd erreicht wurde. Dies liegt vor allem daran, daß der Grundriß der Rokoko-Kirchen lediglich als Basis der Innenarchitektur aufgefaßt wurde, in die — wie wir bereits hervorgehoben — die Rokokoarchitekten die ganze Fülle ihrer Erfindungskraft ausströmen ließen.

Wenden wir uns in der Einzelbetrachtung der Grundrisse zunächst wieder den Werken Viscardis (s. S. 26/27) zu, so machen wir die Beobachtung, daß der Italiener in der Gestaltung seiner Grundanlagen Vorbildern gefolgt ist.

Bei der Fassadenbildung der Dreifaltigkeitskirche war uns bereits ihre Verwandtschaft mit St. Carlo alle quatro fontane zu Rom von Borromini aufgefallen. Noch klarer wird uns diese bei Vergleichung der Grundrisse beider Kirchen.

Der Grundriß der Dreifaltigkeitskirche (1711) bildet ein griechisches Kreuz, das durch den Anbau des Chores und der Vorhalle modifiziert wird. Strecken wir den Grundriß in der Längenachse auseinander, so ergibt sich die Anlage von St. Carlo alle quatro fontane. Die äußere Aehnlichkeit ist gering, aber das architektonische Prinzip ist das gleiche; dasselbe erhellt am besten aus der Anordnung der den Bau gliedernden Säulen.[1]

In dem Grundplane der ehemaligen Klosterkirche von Fürstenfeld (Taf. IV, Fig. 7) (1718 begonnen) greift Viscardi offenbar auf die Michaelskirche[2] in München (Taf. I, Fig. 2) zurück: Vorraum, langer Hauptraum mit Seitenkapellen, ausgedehnter Chor mit halbkreisförmiger Apsis.

Unter den kirchlichen Werken der einheimischen Meister kennzeichnet sich zunächst eine Gruppe durch ihr Festhalten an dem im 17. Jahrhundert ausgebildeten Grundrißtypus: Einschiffiges Langhaus mit eingezogenem Chor.

---

[1] Grundrisse bei Gurlitt: Barockstil in Italien S. 358 und Kunstderkm. Oberb. S. 966.

[2] Trautmann bezeichnet die Kirche von Fürstenfeld geradezu als Uebersetzung der Michaelskirche ins Barocke.

Es sind meistens Bauten von geringerer oder mittlerer Bedeutung, die diesen Konservatismus der Grundrißbildung zeigen, aber er erhält sich durch das ganze 18. Jahrhundert.

Das Hauptgros, innerhalb dessen sich keine wesentlichen Unterschiede ergeben, vertreten die Kirchen von Prien (1738), Neustift (1751), Landsberg, Malteserkirche (1752), Aibling (1756), Landsham (1758), Wessobrunn (1759), St. Georg in Bogenhausen (1766), Raisting (1767), St. Leonhard in Forst (1770).

Fast nur in der Gestaltung des Chores ist der Grundriß variiert. Er schließt im Halbkreis oder in Segmentform oder in drei Seiten des Achtecks. Bei den ohnehin größeren ehemaligen Ordenskirchen von Neustift und Landsberg ist er ausgedehnter, bei St. Leonhard in Forst erhält er durch einen Umgang einen besonderen Charakterzug.

Ueber den Durchschnitt erheben sich aus dieser Gruppe nur die Kirchen von Dietramszell (1729—1744) und Diessen (1733—1739).

Wenn der unbekannte Erbauer der Dietramszeller Kirche (Taf. IV, Fig. 8) an den alten Grundformen festhält, so hat dies abgesehen von der frühen Zeit ihrer Entstehung seinen besonderen Grund in dem bestimmenden Einfluß einer Nachbarkirche, die ebenfalls dem Augustinerorden gehörte, der Kirche von Beuerberg (1628) (Taf. IV, Fig. 9). Die Kirche von Dietramszell bildet in ihrer Grundrißentwicklung das letzte Glied in der Kette: St. Michael zu München (1587—1593), Kirche von Weilheim (1624), Kirche von Beuerberg (1628). Der Grundriß besteht in Vorhalle, einschiffigem Langhaus (4 Joche) mit einbezogenen Strebepfeilern und Chor (2 Joche) innerhalb des rechteckigen Rahmen der Gesamtanlage. Besonders die Einzelheiten der Chorbildung sind charakteristisch für die Vorbildlichkeit der Klosterkirche von Beuerberg. Genau wie in Beuerberg entstehen infolge Durchbrechen der Strebepfeiler im Chorraume Seitenschiffe, die durch Vorrücken der Pfeiler auf Kosten des mittleren Chorschiffes erweitert werden.

Die Anlage der ehemaligen Klosterkirche von Diessen, (Taf. IV, Fig. 10) von dem Hofbaumeister Johann Michael Fischer (1733) entworfen, ist bedingt durch alte Fundamente, die zwischen 1719 und 1728 gelegt sind. Der damalige Neubau war bereits bis zum Dachansatze gefördert. Auf Veranlassung Fischers wurde jedoch alles bis auf die Fundamente wieder abgebrochen und die Kirche in ihrer jetzigen Gestalt über denselben[1] errichtet. Daraus erklären sich die alten Grundformen, die in keinem Einklange mit Fischers sonstiger Bauweise stehen. Wie weit Fischer die alten Fundamente benutzt, wie weit er sie eventuell ausgedehnt hat, läßt sich kaum genau noch feststellen, doch entspricht die Ausbildung des Chores am meisten seinen sonstigen Bauideen.

Die Anlage der Diessener Kirche besteht in Vorhalle, einschiffigem Langhaus mit einbezogenen Strebepfeilern, eingezogenem viereckigem Chor mit abgeschrägten Ecken und halbkreisförmiger Apsis; Emporen flankieren den Hauptraum des Chores.

Auf das Querschiff, das man sich im Verlaufe des 17. Jahrhunderts so ziemlich abgewöhnt hatte, wird zurückgegriffen bei den Gebirgskirchen von Garmisch (1730—1733), Mittenwald (1734) und Oberammergau (1736—1742); bei letzterer ist es zu Nischen verkümmert. Wahrscheinlich ist bei ihrer örtlichen Nähe ein baugeschichtlicher Zusammenhang dieser Kirchen. Nur der Erbauer der Garmischer Kirche ist bekannt: Joseph Schmuzer aus Wessobrunn.

In der Kirche zu Grafrath (1690—1719) ist das mittlere Joch durch nischenartige Vorsprünge zum Querschiff ausgedehnt.

Bei den Grundrissen der Kirche von Kreuzpullach (1710), St. Johann Nepomuk zu München (1733), Ruhpolding (1738), Starnberg (1768 geweiht) und Perchting (2. Hälfte des 18. Jahrhunderts) finden wir eine schräge Ueberleitung vom Langhaus zum Chor. So unbedeutend dies erscheinen mag, und so wenig auffällig es ist, so muß doch betont werden, daß sich hierin ein ganz neuer Zug ausspricht, das Streben einer Zeit, welche den Formen der Vermittlung, Uebertragung, Verschleifung ganz neue Seiten abgewinnen sollte. Insofern stehen diese Kirchen trotz ihrer konservativen Hauptanlage nicht ganz auf dem alten Boden.

Die wichtigste und beliebteste Grundrißform der Rokoko-Kirche in Oberbayern ist die Zentralanlage.

---

[1] Kunstdenkm. Oberb. S. 518.

Die Zentralanlage hat in Oberbayern bereits im 14. Jahrhundert in der Klosterkirche zu Ettal einen prägnanten Ausdruck gefunden und taucht dann im 17. Jahrhundert wieder auf bei den Kirchen von Maria-Birnbaum (1661), Fischhausen (1670), Vilgertshofen (1687), Heuwinkel (1698) u. a. Ihre große Beliebtheit im 18. Jahrhundert verdankt sie einmal wohl einer besseren Kenntnis der Architekturen Italiens, wo sie bereits im 16. Jahrhundert zur allgemeinen Popularität durchgedrungen war, dann entspricht sie aber in der Bewegtheit ihrer Formen ganz den Intentionen des Rokokozeitalters. In diesem Punkte berühren sich Barock und Rokoko, nur ihre Tendenzen sind verschieden: das Barock will durch die Bewegtheit der Formen starke Kontraste erzielen, während dieselbe dem Rokoko das Mittel bietet, sich spielerisch zu ergehen.

Das Wesen der Zentralanlage liegt darin, daß die Umrisse der Grundform von einem Zentrum beherrscht werden. Sind die Abstände vom Zentrum gleich, haben wir eine kreisförmige Anlage, die wegen ihrer Gleichförmigkeit künstlerisch am wenigsten brauchbar ist und nur selten Anwendung findet. Die weniger gebundenen Formen stellen die Ellipse, das Rechteck, Quadrat, Achteck, Zwölfeck und die verschiedenen Zwischenformen dar.

Die verbreitetste zentrale Grundform ist die quadratische. Sie tritt uns zum erstenmale in der Pfarrkirche von Murnau (1717—1727) (Taf. V, Fig. 11) entgegen. Hier folgt auf eine Vorhalle ein reines Quadrat, das durch die Pfeileranordnung wiederum in ein Achteck zerlegt wird, Einziehung zum Chor in der Breite einer Achteckseite, Chorabschluß mit drei Apsiden in Kleeblattform.[1] In der Kirche zu Unering (1731) sind die Ecken des Quadrats abgeschrägt und in die Schrägen Nischen eingelassen, der Chor setzt in gedrücktem Segmentbogen unmittelbar an die östliche Viereckseite an.

Bei der St. Anna-Damenstiftskirche zu München (1732 bis 1735) von Gunezrhainer erbaut, schließt sich an eine ge-

---

[1] Diese reiche Anwendung von Apsiden finden wir in Oberbayern nur in der Kirche von Vilgertshofen 1687—1692. Sie erinnert an die Anlage des Doms von Salzburg und der niederrheinisch-romanischen Kirche.

räumige Vorhalle der annähernd quadratische Hauptraum in größerer Breitenausdehnung, an diesen der querrechteckige nicht eingezogene Chor.

Die Anlage der Kirche von Bayrisch-Zell (1736) zeigt ein Quadrat, an das sich östlich ein Joch als Vorraum und westlich ein Joch mit Apsis als Chor anreiht.

Die Franziskanerkirche von Ingolstadt (1739) (Taf. V, Fig. 12), vermutlich von Johann Michael Fischer, entwickelt das Quadrat mit abgerundeten Ecken und nach außen ausgebuchteten Seiten. Letztere sind zu Nischen, die Ecken zu Kapellen ausgebildet. Der eingezogene Chor hat ebenfalls quadratische Form. Er wird von schmalen Gängen begleitet, die sich aus den benachbarten Eckkapellen fortsetzen.

Bei der Wallfahrtskirche Mariaberg (1761—1764), ist ein quadratischer Raum durch Nischen zum griechischen Kreuz erweitert. Die östliche Nische stellt den Chor dar. Die Kirche ist die mathematisch genaueste Zentralanlage der oberbayrischen Rokoko-Kirchen.

Die Kirchen von Inning (1767), Delling, Eschenlohe, Egling (sämtlich der zweiten Hälfte des 18. Jahrhunderts angehörend) verwerten das Quadrat mit abgeschrägten Ecken; ihr eingezogener Chor, rechteckig oder quadratisch schließt in drei Seiten des Achtecks oder im Halbkreise.

Von der rechteckigen Grundform mit abgeschrägten Ecken — freilich dem Quadrat sehr nahe kommend — gehen die Zentralanlagen von Bergkirchen (1717), Berbling (1751) und Sigmertshausen (1755, von Fischer) aus. Bei der Kirche von Bergkirchen ist der Chor apsidal, bei Sigmertshausen rechteckig gestaltet. Bei Berbling bildet der Chor und die Vorhalle eine Ellipse, die Längsseiten des Rechtecks sind nach innen gekrümmt, umgekehrt wie bei der Franziskanerkirche zu Ingolstadt. Die Gesamtanlage der Wallfahrtskirche «Unseres Herrn Ruhe» bei Friedberg (1731—1749) ist ein Rechteck in drei annähernd gleich große Schiffe gegliedert. Der Chor wächst elliptisch aus dem Mittelschiff heraus, die Seitenschiffe schließen in drei Seiten des Achtecks.

Die Form des Achtecks, die ohnehin durch die Quadrate mit abgestumpften Ecken sich uns mehr oder weniger rein dargestellt hat, ist klar in der Kirche von Sandizell (1735 bis 1737) ausgeprägt. Der Chor schließt sich halbkreisförmig an.

Die alte Grundanlage des Zwölfecks aus dem 14. Jahrhundert mit Umgang ist bei der Klosterkirche von Ettal (1745 bis 1761) (Taf. V, Fig. 13) beibehalten, der Chor ist als quergestellte Ellipse ebenfalls mit Umgang gebildet, der Zugang zu ihm hat die Breite einer Zwölfeckseite.

Die Ellipse ist eine seltenere Grundrißform der Hauptanlage; ganz rein tritt sie überhaupt nicht auf, immerhin kann man als annähernd elliptisch die Grundrisse der Kirchen von Schönbrunn (1723—1724), St. Anna a. Lehel in München (1727 bis 1737) und «In der Wies» (1746—1754) bezeichnen.

In dem Grundrisse der Kirche von Schönbrunn stellen sich die abgerundeten Ecken eines Rechtecks als Bestandteile einer Ellipse dar. Seitliche Nischen erweitern den Hauptraum, Chor rechteckig mit segmentförmigem Schluß.

Die elliptische Grundlage wird bei St. Anna a. Lehel durch die Anordnung von sechs Nischen, die aus einem Rechteck herauswachsen, entfernt erreicht; der Chorschluß stellt ungefähr einen Kreis dar.

Bei der Kirche «In der Wies» (Taf. V, Fig. 14) kann man eher von einer elliptischen Grundform sprechen. Der Hauptraum, ein zwischen zwei Halbkreisen eingeschobenes Rechteck, ergibt fast eine mathematische Ellipse. Der Chor ist rechteckig mit abgeschrägten Ecken. Ein Umgang zieht sich um Hauptraum und Chor.

Das schwierigste Problem der Grundrißbildung findet seine Lösung in der Summierung zentraler Anlagen und den Kombinationen zwischen Lang- und Zentralbau.[1] Dieser Aufgabe suchen die Erbauer der Kirchen von Schäftlarn (1733—1764), Berg a. Laim (1737—1751), Rott a. Inn (1759—1763), Altomünster (1763—1773) und Partenkirchen St. Anton (1740 erweitert) gerecht zu werden.

Zentrale Baugedanken walten bei der Kirche von Schäftlarn (1733—1764) (Taf. VI, Fig. 15) vor, ohne beim Betreten der

---

[1] Vgl. Zeitschr. d. bayr. Kunstgewerbev. 1893 S. 18; Riehl, Studien über Barock und Rokoko in Oberbayern.

Kirche sofort erkennbar zu sein. Ein Blick auf den Grundriß aber belehrt uns, daß das Langhaus mit seinen einbezogenen Strebepfeilern aus einem annähernd quadratischen Raum zwischen rechteckigen, etwa halb so großen Jochen besteht. Der Chor wird gebildet durch ein Rechteck mit hufeisenförmiger Apsis.

Die Kirche von Berg a. Laim (1737—1751) (Taf. VI, Fig. 16) setzt sich zusammen aus einem großen Quadrat mit abgeschrägten Ecken, auf Nord- und Südseite durch Nischen erweitert, und einem kleinen Quadrat, ebenfalls mit abgeschrägten Ecken. Der Chor ist annähernd elliptisch.

Der Hauptraum der Kirche von Rott a. Inn (1759—1763) (Taf. VI, Fig. 17) besteht aus einem Quadrat mit abgeschrägten Ecken zwischen zwei kleinen gleichartigen rechteckigen Räumen, von denen der östliche den Chor, der westliche den Vorraum darstellt. In den Ecken des Quadrates sind Kapellen angeordnet, die mit Seitengängen des Chores in Verbindung stehen;[1] auch den Vorraum begleiten Seitengänge. Vorhalle.

Der Hauptraum der Kirche von Altomünster (1763—1773) bildet wiederum ein Quadrat mit abgeschrägten Ecken, an denselben schließt sich ein zweites kleineres Quadrat mit abgeschrägten Ecken, an dieses das schmale langgestreckte Altarhaus segmentförmig abschließend. Das schlechte Verhältnis zwischen Hauptschiff und Chor beruht darauf, daß man bei Erbauung des Chores die Grundmauern des alten gotischen Chores benutzt hat.

Bei der Wallfahrtskapelle St. Anton in Partenkirchen ist (1740) an den älteren achteckigen Zentralbau mit abgerundetem Chor (1704 gebaut) ein zweiter, fast kreisförmiger Teil gelegt. An die beide Anlagen vermittelnden Zwickeln setzen sich Seitenkapellen an.

IV. INNERER AUFBAU.

Die Raumwirkung ist natürlich in erster Linie von dem Grundriß abhängig, dann aber auch von der Höhe der aufsteigenden Mauern, der Deckenbehandlung, der Beleuchtung

---

[1] Aehnlich wie bei der Franziskirche in Ingolstadt.

u. a. Als besonders imposant können die Innenräume der Kirchen von Fürstenfeld, Diessen, Schäftlarn und Berg a. Laim bezeichnet werden.

Die Bedeckung des Haupt-Innenraumes erfolgt meist durch das Tonnengewölbe, das durch Gurte gefestigt ist. Seltener wird ein Scheingewölbe aus Holz verwandt. Bei den kleineren Räumen (Chor, Seitenschiffe usw.) finden Quertonnen, Kreuzgewölbe, Muldengewölbe, Kuppelgewölbe Anwendung.

Die Beleuchtung der Rokoko-Kirchen ist außerordentlich gut. Das Kircheninnere soll in seiner reichen Ausschmückung auch voll und ganz zur Geltung kommen. Verbergen, heimlich Hüten ist dem Geschlecht des Rokokozeitalters nicht eigen. Ans Licht ziehen, triumphierend zeigen, was man zu leisten fähig ist, lautet die Devise der Rokokomenschen. Zwei, ja drei Reihen Fenster werden übereinander angebracht. Der Chor wird durch Steigerung des Lichtzuflusses zum «Lichtpunkt» der ganzen Kirche erhoben, und häufig durch besondere Beleuchtungsmanöver zum Gegenstand von Lichteffekten gemacht.

Die Fenster haben meist rechteckige Form mit segmentartigem Sturz; daneben kommen auch Rundfenster vor (Rundeln, Ochsenaugen), wie sie im 17. Jahrhundert besonders beliebt waren, Lunettenfenster und mannigfaltige Bildungen mit geschweiften Konturen. Um den reich geschmückten Kirchen mehr Licht zuzuführen, sind die Fenster bis in die Gewölbe hineingerückt und veranlassen die Bildung von Stichkappen, durch welche dem Licht der ungehemmte Zufluß zum Gewölbe verschafft wird.

Von den Nebenarchitekturen sei zunächst der Orgelempore gedacht. Auch die kleinste Landkirche hat im 18. Jahrhundert ihre Orgel, die auf einer Empore auf der dem Chore gegenüberliegenden Seite untergebracht ist. Die Rokokozeit hat die Orgelempore mannigfaltig ausgebildet. Sie läßt sie in 2 und 3 Geschossen aufsteigen und verleiht ihr reiche Dekoration. Besonders glänzende Leistungen sind die Orgelemporen zu Ettal, Schäftlarn und Landsberg (ehemalige Jesuitenkirche).

Mit der Orgelempore hängt im 18. Jahrhundert die Vorhalle innig zusammen. Sie ist selten als selbständiges Bauglied behandelt. In der Regel befindet sie sich innerhalb des Gesamtraumes und bedeutet den Raumteil unter der Orgelempore. Sie fehlt daher nie.

Emporen und Galerien werden bei entsprechender Grundanlage gern verwertet, so in Fürstenfeld, Dietramszell, Andechs, Ingolstadt (Franziskanerkirche), München (St. Johann-Nepomuk-Kirche) u. a.

Oratorien und Logen als bevorzugte Plätze für Vertreter der Geistlichkeit und des Adels finden wir mit reicher Dekorierung z. B. bei den Kirchen von Fürstenfeld, Freising, Diessen, Landsberg (Jesuitenkirche), Wies.

Die innere architektonische Gliederung der oberbayerischen Rokoko-Kirchen bedeutet vielfach nur ein dekoratives Schaugerüst. Die einzelnen Baukörper sind ihrer stützenden und tragenden Funktion enthoben und zum schmückenden Beiwerk herabgesunken. Natürlich sind sie an den Punkten angebracht, wo sie, wenn auch nur scheinbar, eine tektonische Aufgabe zu erfüllen haben.

Die architektonischen Wandgliederungen der oberbayerischen Rokoko-Kirchen halten im allgemeinen an dem Kanon fest, den die Renaissance in Italien ausgebildet und dessen Autorität die französische Bauakademie nach seiner Erschütterung durch das italienische Barock neu gefestigt hatte.

Wie weit die deutschen Rokokobaumeister davon abweichen, werden wir im einzelnen zu beobachten haben. Die Gestaltung der inneren Gliederung der oberbayerischen Rokoko-Kirchen bildet bei dem Mangel der äußeren Architektur die beste Probe für das künstlerische Empfinden der Architekten.

Wir haben bereits früher beobachtet, daß der italienische Architekt Viscardi, dessen Tätigkeit in die Rokokozeit hineinragt, kein ganz selbständiger Kopf gewesen ist, daß er es aber in sehr geschickter Weise verstand, älteren Baugedanken neue Seiten abzugewinnen. Diese Eigenschaft bekundet er am glänzendsten in der inneren Ausgestaltung seiner Werke.

In der Dreifaltigkeitskirche zu München (1711—1718), (Taf. VII, Fig. 18) verwertet er eine Ordnung von korinthischen Säulen, die auf die barocke Schule von Bologna und ihren Vertreter in München, Agostino Barelli, den Erbauer der Theatinerkirche, weist. Die Formation des Frieses, des Simses, der niedrigen

Attika und der die flache Kuppel tragenden gedrückten Korbbögen, sind dem bescheidenen Raum entsprechend in maßvoll zurückhaltender Weise gestaltet.

In der ehemaligen Klosterkirche zu Fürstenfeld (Taf. X/XI, Fig. 23—26) hat Viscardi nicht nur einen Bau von gewaltigen Dimensionen geschaffen, sondern auch die Architekturmassen in künstlerisch ausdrucksvoller Weise durchgegliedert. Wie er sich in dem Grundriß an St. Michael in München anlehnt, so verwertet er auch bei der Ausgestaltung des Innern Elemente, die dieser Kirche eignen. Trautmann hat mit Recht die Kirche von Fürstenfeld eine Uebersetzung der Michaelskirche ins Barocke genannt.[1] Alles was bei der Michaelskirche als schwer, wuchtig und steif empfunden werden kann, ist von Viscardi ins Leichte und Gefällige aufgelöst worden; die Masse an sich soll nicht wirken, sondern die Masse der Formen. Viscardi hält an der Säule fest; eine Ordnung von mächtigen korinthischen Halb- und Dreiviertelsäulen umfassen die Strebepfeiler, über hohem Fries folgt ein Gesimse, reich geschmückt durch Eierstab, Volutenkonsolen, Rosetten, Stabwerk, darüber hohe Attika. Die Verkröpfungen über den Säulen übertragen sich auch auf die Gurtbögen der Gewölbe. Die Seitenkapellen, in denen Balkons angeordnet, sind in Kämpferhöhe des Hauptgewölbes von Quertonnen überspannt, darüber niedere Galerien.

Ueber dem Hauptschiff gewaltiges Tonnengewölbe, in das von den Galeriebögen Stichkappen einschneiden, im Chor ebenfalls Tonnengewölbe und Stichkappen, Beleuchtung im Chor besonders brillant. Die Säulen sind aus graurotem Stuckmarmor, Kapitelle und Gesimseschmuck gelb.

Daß bei der kleinen Kirche von Schönbrunn (1723—1724), (Taf. VIII, Fig. 19) von dem Geheimsekretär und Archivar Franz Joseph von Unerthl erbaut,[2] Ausländer beteiligt waren, ist sehr wahrscheinlich. Ihr Erbauer scheint ein hohes persönliches Interesse an dem Bau gehabt und die besten Kräfte zu demselben herangezogen zu haben. Nur so erklärt sich die reife und gediegen-vornehme Architektur des Baues: flache kannelierte korin-

---

[1] Aufleger-Trautmann, Fürstenfeld, Vorwort.
[2] Gierl, Schönbrunn S. 102.

thische Pilaster begrenzen die abgerundeten Ecken des Hauptraumes, dazwischen dezente Wandnischen- und Logenarchitektur, innerhalb des Frieses eigenartige Volutenkonsulen, [1] Kuppel.

In der Innenarchitektur der oberbayerischen Kirchen des 18. Jahrhunderts finden barocke Elemente ihre letzte Anwendung in den Kirchen von Tading (1714—1717) und Itzling (1716), die man im Sinne der damaligen Zeit somit als rückständig bezeichnen muß, und deren Entwurf auch auf einen einfachen Maurermeister zurückgeht. Alle übrigen Werke bayerischer Architekten im Anfange des 18. Jahrhunderts zeigen sich bereits im Bannkreise der von Frankreich ausgehenden größere Formenstrenge heischenden neuen Richtung. Wir haben sogar bei den Intérieurs des italienischen Architekten Viscardi einen Stil kennen gelernt, der sich strengeren Gesetzen unterwarf, selbst in Italien hatte man durch das Beispiel Frankreichs bewogen, sich zum alten Klassizismus bekehrt.[2] Unter der Herrschaft einer so weltbezwingenden kulturellen Macht war es daher kein Wunder, daß in Deutschland die italienischbarocken Ideen schnell verblaßten. — Erst später wieder, als unter dem wachsenden Einflusse der neu aufgeblühten Ornamentik des Rokoko in Frankreich im eigenen Lager der Kampf zwischen malerischer und rein klassizistischer Behandlung aufs heftigste entbrannt war, fanden sich auch in Deutschland Abtrünnige von der Richtung der strengen Formalität. Immerhin wenige, und selten aus den Reihen der akademisch geschulten Architekten. In Frankreich hatte der Kampf zu einer reinlichen Scheidung zwischen Architekten und Dekorationskünstlern geführt, keiner sollte dem andern ins Handwerk pfuschen. So hatten die Architekten ihr eigenstes Feld behauptet, ihre Bauregel war gerettet und in Wort, Schrift[3] und Tat fuhren sie fort, die Welt von der Richtigkeit ihrer Ansichten zu überzeugen. Und auf den Bauakademien der übrigen Länder war ihr Ansehen ungebrochen oder vielmehr gestärkt, die jungen Architekten wurden nach wie vor in ihrem Geiste erzogen und gaben demselben in ihrem späteren Wirken Ausdruck.

---
[1] Aehnlich angeordnet in der Schloßkirche zu Schleißheim.
[2] Lübke-Semrau S. 48.
[3] Blondel, Cours d'architecture. Perrault übersetzte und erläuterte den Vitruv.

So sehen wir auch in den oberbayrischen Rokoko-Kirchen das klassische Muster mit wenig Ausnahmen vorwalten.

Der bedeutendste Kirchenarchitekt Bayerns um diese Zeit ist Johann Michael Fischer (1692—1766). Sein Grabstein an der Frauenkirche meldet von 32 Kirchen, die er gebaut habe; wo diese große Zahl von Kirchen zu suchen ist, und ob sie nicht übertrieben ist, bleibt weiteren Forschungen überlassen. Für Oberbayern kommen nur 6 Kirchen in Betracht.

Sein ältestes Werk in Oberbayern ist wohl die Kirche St. Anna a. Lehel (1627—1637). Er hat hier einen elliptischen Raum geschaffen (s. S. 36), der auf eigenartiger Summierung und Anordnung von Nischen beruht. Die Pfeiler, welche die Nischen begrenzen, sind mit Pilastern besetzt, mit reichen korinthisierenden Kapitellen [1] (Taf. XIII, Fig. 30).

Als Architekt, der auch größeren baulichen Aufgaben gewachsen ist, zeigt sich Fischer zum erstenmale in der Klosterkirche von Diessen (1733—1739). Die Architektur dieser Kirche ist eben so einfach wie großzügig. Die eingezogenen Strebepfeiler sind von kannelierten korinthischen Pilastern eingefaßt, darüber schlichter Fries, Konsolengesimse und Attika. In das Tonnengewölbe des Hauptschiffes schneiden die Quertonnen der Seitenkapellen ein, fast seine Höhe erreichend und dadurch die Breitenwirkung steigernd. Die Ecken des quadratischen Chores (Taf. XXI.XXII, Fig. 46.47) sind mit korinthischen Säulen besetzt, über welche sich Bögen spannen, dazwischen Hängezwickeln, auf diesen die Kuppel, die halbkreisförmige Apsis von Halbkuppeln überspannt. In den Seitennischen des Chores Logen. Triumph- und Apsisbogen von freundlicher einladender Wirkung.

Der Chor scheint von der älteren Grundanlage unabhängig und Fischers eigenstes Werk zu sein.

In der Kirche von Berg a. Laim (1737—1751) hat Fischer sein Bestes geleistet. Er war auch hier nicht wie in Diessen an einen alten Grundriß (s. S. 32/33) gebunden, sondern konnte frei nach seinem künstlerischen Ermessen schalten. Es ist zwar noch nicht gelungen, sicher Fischers Urheberschaft festzustellen,

---

[1] deren Reichtum vielleicht auf die Gebrüder Asam zurückzuführen ist.

immerhin ist sie nach dem vorhandenen Urkundenmaterial[1] und der ganzen Anlage des Baues mehr als wahrscheinlich.

Fischer verbindet in der Kirche von Berg a. Laim je einen Pfeiler und je eine Säule durch gemeinsame Basis zu einem Paare und setzt es an die Ecken seines abgeschrägten, viereckigen Hauptraumes. Darüber ist unter Vermittlung von Hängezwickeln das hölzerne Scheingewölbe gespannt. Durch Durchbrechen der Hängezwickeln mit Stichkappen von den hochliegenden Fenstern aus erhalten dieselben eine eigenartige Form. Im Chor sind nur Säulen verwertet, die Hängezwickeln werden durch Nischen vertreten, in denen sich Heiligenfiguren befinden. Die Ordnung der Säulen und der die Pfeiler bekleidenden Pilaster ist wiederum die korinthische. Fries und Konsolengesims ähnlich wie in Diessen, Attika niedriger und wesentlich anders profiliert als dort. Die Beleuchtung der Kirche erfolgt nur von oben her: von Fenstern, die über den Gesimsen liegen (Taf. XX, Fig. 44).

Die Kirche von Rott a. Inn (1759—1763) schließt sich den übrigen Bauten Fischers würdig an. Für den Eindruck der inneren Architekturgliederung sind hier von wesentlichem Einflusse die Kapellenbildungen und die Galerien darüber, die die oberen Wandflächen durchbrechen, und sich um die ganze Kirche herumziehen. Der abgeschrägte viereckige Hauptraum bedingt wiederum wie in Berg a. Laim die Gruppierung der Gewölbestützen — gekuppelter Pilaster — im Achteck; darüber spannen sich die Bögen, auf denen das Gewölbe ruht, an den Schrägseiten breite Hängezwickeln (Taf. XXVI, Fig. 56). In dem quadratischen Chor und dem diesen entsprechenden Vorraum, ist der Aufbau analog gestaltet. Die Pilaster haben Kompositakapitelle, Fries und Gesimse ähnlich wie in Berg a. Laim und Diessen. Attika sehr niedrig, an den Galeriebrüstungen Balusterpilaster.

In der kleinen Kirche von Sigmertshausen (1755) hat Fischer einen Raum von bescheidenen aber harmonischen Verhältnissen geschaffen.

Wie weit Fischer an der Innenarchitektur der Kirche von Altomünster (1763—1773) (Taf. XXVIII, Fig. 60) beteiligt war, ist

---

[1] Kunstdenkm. Oberb. S. 766.

fraglich, da er bereits 1766 starb. Im Hauptraum an den Schrägen korinthische Pfeiler, darüber Kuppel auf Hängezwickeln. Umgang mit Bogenöffnungen, geschlossener Nonnenchor über dem Vorchor in der Höhe des Umganges, Altarhaus wieder in der Höhe des Hauptraumes.

Fischers Hauptverdienst beruht in der imposanten und interessanten Gestaltung seiner Räume.

Nach Fischer ist der gewandteste Architekt der oberbayerischen Rokoko-Kirchen der Stadtbaumeister Johann Gunezrhainer (gest. 1763).

Gunezrhainer schmiegt sich an die klassischen Vorbilder enger als an Fischer. Er besitzt nicht die Raumphantasie wie Fischer, seine Architekturen aber sind von edler Harmonie erfüllt.

In München hat er die St. Anna - Damenstiftskirche (1732 bis 1735) (Taf. XIV, Fig. 32) erbaut. Kannelierte Säulen mit korinthischen Kapitellen tragen hier das wenig profilierte, aber durch Stuckdekoration reich geschmückte Steingebälk mit Konsolensims. Schön geschwungene Bögen zwischen Hängezwickeln tragen das Gewölbe, das den quadratischen Hauptraum überspannt. Kostbares Material steigert die Wirkung der prächtigen Architektur.

Aus der Kirche von Ruhpolding (1738—1757 (Taf. VIII, Fig. 20) spricht der einfache Sinn Gunezrhainers. Schöne schlanke Bögen setzen über der Choröffnung und den Seitennischen ohne Attika unmittelbar auf dem Gesimse an. Die Pilasterarchitektur ist in ihrer abgewogenen Schlichtheit, bei ihrem dekorativen Mangel fast nüchtern.

Die Klosterkirche von Schäftlarn (1733—1764) ist nach Plänen Cuvilliés begonnen,[1] von Gunezrhainer[2] nach gewissen Abänderungen vollendet. Es ist nun freilich schwer zu sagen, was von Cuvilliés, was von Gunezrhainer ist. Der Schwung der

---

[1] Nach den Baurechnungen wurden Cuvilliés im Jahre 1740 Summen ausgezahlt, ebenso dem Maurermeister Koeglsperger; Kreis-Archiv Landshut Rep. 46 Vol. II Fasc. 42. Cuvilliés hatte bereits in die Kirchenarchitektur Oberbayerns durch seinen Fassadenschmuck der Theatinerkirche (s. S. 30) und den Bau der Magdalenenkapelle in Nymphenburg (1728) eingegriffen. In der Grottenanlage der letzteren importiert er französische Liebhabereien.

[2] Kunstdenkm. Oberb. S. 901.

Gewölbebögen (Taf. XXV, Fig. 54) deutet auf Gunezrhainer, die Wandgliederung entspricht dagegen weniger seiner Art. Man könnte daher vermuten, daß nur die Eindachung auf ihn zurückgeht. Es bleibt immerhin nur eine Vermutung.

Die Strebepfeiler sind in einfacher Weise mit korinthischen Pilastern auf hohen Postamenten besetzt, die Simse ziemlich reich profiliert, niedrige Attika; über dem mittleren Hauptjoch des Langhauses, dem Chor und der Apsis spannen sich Kuppeln, Tonnen über den schmalen Jochen des Langhauses und den Seitenkapellen; im Chor Emporen. Im Chor und Hauptjoch mächtige Rundfenster. Die Raumwirkung ist bedeutend.[1]

In der oberbayerischen Gebirgsgegend erlangt ein Künstler als Baumeister und Dekorateur zugleich eine den Durchschnitt überragende Bedeutung: Joseph Schmuzer.

Sein größtes Verdienst hat er sich durch die Neugestaltung der Klosterkirche zu Ettal erworben (1744—1761).

Im Jahre 1744 war die ursprünglich gotische Klosterkirche von Ettal die 1711 durch eine neue Fassade und Choranlage von Enrico Zuccali bereichert worden war, durch einen Brand heimgesucht. Die Umfassungsmauern in ihrer vollen Höhe blieben bestehen und konnten bei der Wiederherstellung der Kirche benutzt werden. Die neue Ausstattung des zwölfeckigen Hauptraumes ist vorwiegend Joseph Schmuzers Werk.[2] Die architektonische Gliederung gehört ihm allein an. Er hat in den Ecken des Zwölfecks zwei Ordnungen korinthischer Pilaster übereinander angebracht. Die im unteren Geschoß noch maßvolle Verkröpfung der Pilaster auf hohen Postamenten führt in der Bildung des Frieses und Simses, der nur über den Pilastern läuft, zu schwülstigen Formen. Die Architektur der zweiten Ordnung, die bis nahe ans Gewölbe reicht, löst sich in reiner Dekoration auf. Die Pilaster sind reich vergoldet. Die das Innere gliedernden Bauteile sind sicherlich am richtigsten und natürlichsten Platze verwertet worden und in großzügiger Art angeordnet. Diesem Umstande sowie dem

---

[1] Auch in St. Peter, München, soll Gunezrhainer neue Gewölbe eingezogen haben (1750).

[2] Plan im Kreis-Archiv München, Kunstdenkm. Oberb. S. 621.

reichen Goldschmuck verdankt der innere Aufbau seinen wirkungsvollen Eindruck. Die unangenehmen Verkröpfungen — deren Häßlichkeit übrigens bei allgemeiner Betrachtung untergeht — weisen andererseits darauf hin, daß wir in Joseph Schmuzer einen Künstler haben, der als Architekt keine besondere Schulung genossen hat, und dem daher die von Frankreich neu belebten klassizistischen Regeln nicht geläufig sind.

In der Klosterkirche von Ettal hat Joseph Schmuzer seine übrigen baulichen Leistungen weit übertroffen. Dieselben gehören auch sämtlich der Frühzeit des Meisters an, in der seine Dekorationslust noch sein architektonisches Talent in den Hintergrund drängt. Es sind die Kirchen von Garmisch (1730 bis 1733), Mittenwald (1734), Oberammergau (1736—1742), St. Anton bei Partenkirchen (1740 erweitert).

Von einigen besseren architektonischen Leistungen sind bisher die Baumeister nicht ermittelt worden.

Hierzu gehört — an Zeit und Bedeutung an erster Stelle — die Klosterkirche von Dietramszell (1729—1744). Das die Gliederung bestimmende Element sind hier die einbezogenen Strebepfeiler. Sie bedingen die Seitenkapellen und die Emporen über diesen; ihrer Bedeutung ist durch die vorgelegten korinthischen Pilaster (kanneliert) und das nur sie umlaufende Konsolengesims Rechnung getragen. Seitenkapellen und Emporen sind von Quertonnen überwölbt, im Hauptschiffe Tonnengewölbe mit Stichkappen. Die Kapellenbögen sind geschmackvoll profiliert.

Die Franziskanerkirche zu Ingolstadt (1739) besitzt eine recht geschickt durchgebildete Architektur. Die Anlage der Eckkapellen und der umlaufenden Galerie hat sie mit der Kirche von Rott a. Inn gemein. Die kannelierten korinthischen Pilaster mit mächtigen Kapitellen, hohem Fries und kräftigem Sims, geben der Innengliederung etwas Großzügiges, wie wir es eher an den Werken der Renaissance und des gemäßigten Barocks gewöhnt sind.

Räume von stattlichen Verhältnissen sind in den Kirchen von Neustift bei Freising (1751—1756) und Landsberg (Maltheserkirche 1752—1754) geschaffen. Der Erbauer der ersteren hat in der Innenarchitektur des Hauptschiffes wieder zur Säule gegriffen, die er mit attischen Basen, Entasis, starker Verjüngung und korinthisierenden Kapitellen ausstattet. (Taf. XXVI, Fig. 55.)

Diesen Werken einzelner bedeutender oder tüchtiger Meister steht eine große Zahl von Bauten gegenüber, in denen sich zwar auch die von Frankreich überkommenen klassizistischen Gedanken aussprechen, die sich im übrigen aber nicht über die Mittelmäßigkeit erheben. Sie verwerten meist korinthische oder korinthisierende Pilaster — jonische treten nur in den Kirchen von Berbling und Aibling auf — und lassen sie in dekorativer Weise die Wände des einschiffigen Hauptraumes beleben, über dem sich ein Tonnengewölbe mit Stichkappen spannt. Der Pilaster mit «korinthisierendem» Kapitell ist ein besonderes Produkt des Rokoko; das korinthische Kapitell wird durch allerlei Beiwerk, wie Engelsköpfchen, Pflanzwerk und die mannigfaltigste Ornamentierung bereichert, zum «Rokokokapitell» umgeschaffen.

Den Durchschnitt überragen die Kirchen von Kreuzpullach (1710) und «Unseres Herrn Ruhe» bei Friedberg (1730—1753) durch ihre originellen Anlagen, die Kirchen von Murnau (1717 bis 1727) und Unering (1732) durch ihre glückliche Raumgestaltung, und die Kirchen von Berbling (1751—1756) und Wessobrunn (1759) (Taf. XXX, Fig. 63) durch ihre guten Pilasterarchitekturen.

Die Erbauer dieser Kirchen sind einfache Maurermeister, deren Namen uns vielfach überliefert sind, und von denen einzelne eine große Fruchtbarkeit entfalten.

Eine Gruppe, welche naturgemäß einen ganz anderen Charakter trägt, bedeuten die zahlreichen Umbauten im Geiste des Rokoko. Von diesen Kirchen kommen hauptsächlich romanische und gotische Bauten in Betracht, deren Inneres den Rokokomenschen nüchtern und unfreundlich erschien.

Die Leistungen der umbauenden Architekten sind natürlich nicht mit den neuen Entwürfen frei schaffender Meister zu vergleichen, wenn sich selbstverständlich nach der Größe und Veränderung des Umbaues hier mancherlei Abstufungen ergeben.

Ueberhaupt fiel die Hauptaufgabe bei der Umwandlung nicht dem Architekten, sondern dem Dekorateur zu. Der Architekt beschränkte sich höchstens auf eine Veränderung des Gewölbes, der Wandgliederung und der Fenster.

Die Umbauten der romanischen oder gotisierten romanischen Kirchen erfolgten gewöhnlich in der Weise, daß man in das Hauptschiff Tonnengewölbe einzog, Stichkappen von den erweiterten Fenstern einschneiden ließ und die Wandflächen und Pfeiler mit Pilastern mit Fries und Gesimsearchitektur besetzte. Die Gewölbe der Seitenschiffe ließ man vielfach bestehen.

Zu den im Geiste der Rokokozeit veränderten romanischen Bauten gehören der Dom zu Freising (1723—1724), die Kirchen von St. Jakob auf dem Anger zu München (1737), Steingaden (1729—1745), Rottenbuch (1738—1757), St. Peter, München (1750), Indersdorf (1754—1755).

In der ehemaligen Klosterkirche von Baumburg (1757 umgeb.) hat man nur den unteren Teil der romanischen Einfassungsmauern beibehalten und innerhalb derselben eine der Michaelskirche ähnelnde einschiffige Anlage mit einbezogenen Strebepfeilern (von Pilastern umsäumt), Tonnengewölbe und Stichkappen geschaffen. Der eingezogene rechteckige Chor schließt geradlinig.

Bei den gotischen Kirchen erhöhte man meist die Seitenschiffe, besetzte die Pfeiler mit Pilastern, vermehrte den Lichtzufluß und änderte nach Abschlagen der gotischen Rippen die Gewölbe in Tonnengewölbe mit Stichkappen um. Die Pfeiler erhalten durch die Fries- und Simsarchitekturen der Pilaster ein eigenartiges Gepräge. Die gotischen Bögen werden gerundet.

Typisch für diese Umgestaltung sind in Oberbayern die Hl. Geist-Kirche zu München (1724—1730) (Taf. XVI, Fig. 35) und die Klosterkirche zu Andechs (1744 umgeb. von Lorenz Saexel).

In letzterer ist der Chor durch Entfernung der Schlußpfeiler erweitert, ein Emporenumgang zieht sich durch die ganze Kirche und geht eine eigenartige malerische Verbindung mit dem Hochaltar ein.

Bauten, in denen der akademischen Weisheit der Architekten ein Schnippchen geschlagen scheint, sind die St. Johann Nepomuk-Kirche in München, von den Gebrüdern Asam, und die Wallfahrtskirche «In der Wies» von Dominikus Zimmermann, dem Bruder Johann Baptist Zimmermanns.

Beiden Bauten ist das Prinzip eigen, die starren Architekturmassen in flüssigem Leben aufzulösen.

In St. Johann Nepomuk (Taf. IX, Fig. 21) quillt über einer Ordnung von Doppelpilastern eine Balustradengalerie hervor, die sich um den ganzen Innenraum zieht, darüber hermenartige Pilastergliederung, kräftige vielfach profilierte Fries- und Simsarchitektur, breite Hohlkehle und starker Simsabschluß; hinter der kulissenartig sich vorschiebenden Hohlkehle wächst das Gewölbe hervor.

Die ungleichmäßige Beleuchtung (durch die Fassadenfenster, ein Chorfenster hoch oben an der Decke und ein Fenster an der rechten Seitenwand) ruft das geheimnisvoll den Raum durchzitternde Licht hervor.

Die Hohlkehle als Ueberleitung zur Decke haben die Gebrüder Asam ebenfalls in dem Bürgersaal zu Ingolstadt — dessen saalartige Raumgestaltung gegeben war — angewandt.

In der Wallfahrtskirche «In der Wies» (Taf. XXIV, Fig. 51) bilden acht korinthische Doppelsäulen mit hohem Simsaufsatz einen Umgang; über demselben baut sich in freier Weise die Scheinkuppel auf. Die einzelnen Teile des Umganges sind von Quertonnen überwölbt, die an ihren Fußenden von rundlichen Oeffnungen durchbrochen sind. Den Säulen entsprechen die Außenwände gliedernde Pilaster. Der Chor (Taf. XXIV, Fig. 52) wird von einem doppelgeschossigen Umgange umschlossen; im zweiten Geschoß schlanke Säulen mit unregelmäßig geschweiften Bögen, die bereits in das Gewölbe ragen, über demselben Rundfenster der Gewölbebiegung folgend. Scheingewölbe. Beleuchtung ist brillant.

V. DEKORATION.

1. Anfänge und Frührokoko.

Dasjenige was den Rokoko-Kirchen ihren Stempel aufdrückt, ist das Ornament.

Das Ornament des Rokoko hat sich aus den Ornamenten des italienischen Barocks in Frankreich entwickelt und hat von dort seinen Weg in alle Kulturländer gefunden. Nur gerade Italien, das Land seiner Ahnen, hat es verschmäht.

Es hat sich wohl niemals ein Ornament so entwicklungs- und umwandlungsfähig erwiesen wie das scheinbar einer unberechenbaren Laune entsprungene Gebild des Rokokoornaments. Wußte die geschmeidige Tochter Frankreichs tändelnd und tänzelnd in langer Jugend immer neue Seiten ihrer Grazie zu entfalten, so fällt die gealterte, in Deutschland besonders liebevoll gepflegt, dem Ueberschwange anheim und stirbt daran.

Bereits Ende des 17. Jahrhunderts wird die ornamentale Geschmacksveränderung Frankreichs, die auf das Rokoko vorbereitet, durch Stiche nach Bayern getragen. In Bayern waren die Wege der graphischen Vermittlung besonders gut geebnet, es besaß in Augsburg von altersher eine Metropole der graphischen Künste. Welche Früchte die Berührung mit Frankreich zeitigten, zu einer Zeit, als das italienische Barock sich noch hohen Ansehens erfreute, haben wir bei Betrachtung der Wessobrunner und Miesbacher Schule gesehen.

Im Anfang des 18. Jahrhunderts wird damit fortgefahren, Proben französischer Ornamentik in Augsburg durch den Kupferstich zu verbreiten. Der Verlag von Jeremias Wolf ist hier am rührigsten. An den alten Motiven des Akanthusblattes, das in der Wessobrunner Stuckatorenschule eine eigenartige, aber schließlich schematische Ausbildung gefunden hatte, hält man im Anfange des 18. Jahrhunderts noch fest, gibt aber die breite lappige Behandlung auf und entwickelt es in der Richtung auf Feinheit und Schlankheit. Stiche, welche diese Art vermitteln, sind erschienen von Reuttimann: «Ein Neues Buch mit Französischem Laubwerk», Bichel:

«Allerhand Inventiones von Frantzösischem Laubwerkh», Bodenehr: «Neu inventirt Französisches Lauberbuch»[1] u. a.

Aus der Art der Bezeichnung geht hervor, daß man sich des Gegensatzes zu der älteren Richtung klar bewußt war und etwas Neues anstrebte. Ebenso klar ersichtlich ist der französische Ursprung. Es handelt sich jedoch nur um freie Nachahmung französischer Originale. Ebenso haben sich die Künstler, welche die Ornamentstücke ins Praktische übersetzten, wohl kaum ängstlich an das gegebene Vorbild gebunden. Dafür waren sie zu sehr von der Architektur abhängig, deren dekorative Ausgestaltung sie übernommen hatten, es ist daher anzunehmen, daß sie frei mit dem theoretischen Gute schalteten, dessen Wert für sie hauptsächlich in der Anregung beruhte.

Derjenige Künstler, welcher die schlanke, feine Akanthusranke in der Kirchenarchitektur Oberbayerns zuerst anwendet, ist Johann Georg Bader aus München.

In seinen Frühwerken, in der Wallfahrtskirche zu Hl. Blut (1704) und Kreuzpullach (1710) ist er noch in einem Stile befangen, der von italienischen Elementen durchsetzt ist und in dem sich eine derbe Technik äußert: Palm-, Blatt- und Blütenzweige, flammenartiger Lorbeer an den Gewölbegraten (Kreuzpullach) und den Fensterlaibungen (Hl. Blut). In der Dekoration des Chores in Kreuzpullach nähert er sich den Wessobrunnern: knollige Akanthusgewinde.

In diesen Arbeiten J. G. Baders gibt sich eine Bevorzugung naturalistischer Motive und eine freiere Behandlungsweise kund. In dieser freieren naturalistischen Tendenz, die zu malerischen Wirkungen führt, wurzelt das Rokoko. Ein lebendigerer Naturalismus dekorativer Formen macht sich bereits am Ende des 17. Jahrhunderts in Oberbayern schüchtern geltend. Die Art der Wessobrunner deutet auf ihn, wenn er auch dort sehr bald wieder der Erstarrung anheimfiel. Freier konnte er sich in den Kirchen von Benediktbeuren und Tegernsee entfalten. Die schwungvollen Blattzweige und Akanthusranken mit Blüten an den Gurten, Scheidbögen und Pilastern daselbst, stechen sonderbar ab gegen die übrige rein italienisch-

---

[1] Jessen: Katalog der Ornamentstich-Sammlung des Kunstgew.-Museums zu Berlin S. 20, 22.

barocke üppige und steife Dekoration. Wir sind geneigt, sie deutschen Stuckatoren zuzuweisen, zumal man ihnen bescheidenere Plätze eingeräumt hat.

Eine feinere zartere Behandlung der neuen Motive bricht sich in Oberbayern aber erst Bahn bei der Ausstattung der Dreifaltigkeitskirche zu München (1711 bis 1714) (Taf. VII, Fig. 18) durch J. G. Bader. Bader hat hier einen tüchtigen Schritt vorwärts getan: schlanke schmiegsame Akanthusranken, zarte Blattzweige, dünne Blumen und Blattschnüre. Am leichtesten sind die Stuckaturen an den Wandflächen; an den Gewölbeteilen sind sie kräftiger und gehäufter. Italienischen Einfluß verraten nur noch die Voluten und Muscheln an den Hängezwickeln, die Festons an der Attika und die Akanthusbekleidung der Kämpfer. Aber wie sehr erscheint er gedämpft! Man vergleiche z. B. die dezenten von Bändern leicht umspielten Festons mit den wulstigen Fruchtgehängen der Theatinerkirche!

Der Leichtigkeit der Ornamente entspricht gut die matte rosafarbige und blaßgelbe Tönung ihres Grundes.[1]

Bader nützt jede ihm zur Verfügung stehende Fläche ornamental aus. Seine Ornamentik erstreckt sich nicht nur auf die Gewölbeflächen, sondern bemächtigt sich auch der Wandflächen und der diese gliedernden Architekturen, ja setzt sich sogar auf die Fensterlaibungen fort.

Baders Entwicklung weist uns einen Mann, der vorwärts strebt und dem es aus eigener Kraft ohne viel fremde Hilfe und Anregung gelingt, sich zu freiem künstlerischem Wurfe durchzuringen. Seine Ueberlegenheit über die Wessobrunner ist damit zur Genüge gekennzeichnet.

Weniger schwer als Bader wurde es J. B. Zimmermann, das Handwerksmäßige in der Dekoration abzustreifen.

Zimmermann war von Hause aus mit einem Blick für das Schöne begabt, wie er nur größeren Künstlern eigen ist. Er hat die Fesseln der Wessobrunner Stuckatorenschule, aus der er hervorgegangen ist, bald gesprengt und ist seine eigenen Wege gegangen. Daß er der hervorragendste Rokokomeister

---

[1] Die Kirche wurde 1903 restauriert.

Oberbayerns wurde, verdankt er außer seiner natürlichen Begabung dem Glück, das ihm während seines langen Lebens reichlich zuströmte.

Seine älteste uns in Oberbayern erhaltene Arbeit sind die Stuckaturen der Kirche zu Schliersee (1713—1714 stuck.). Seine früheren Dekorationen zu Tegernsee, Weyarn und Beyharting sind der Zerstörung anheimgefallen; dagegen sind die älteren ornamentalen Arbeiten, die er im Schwäbischen ausführte, in Edelstetten und Ottobeuren, noch vorhanden. Für seine Eigenart charakteristischer ist aber jedenfalls sein Schlierseer Werk, das er ganz selbständig schuf, während er in Schwaben neben Italienern wirkte.[1]

Die Schlierseer Ornamente (Taf. IX, Fig. 22) sind für die Beurteilung Zimmermanns von besonderem Interesse, da sie in ihrer Art einzig dastehen und von dem kräftigen persönlichen Talent des jungen Künstlers zeugen. Die Verzierungen der Gurte des Hauptschiffes sagen uns noch nichts Neues. Er hat hier das bekannte Akanthusgewinde mit etwas stärkerer Betonung der Ranke als sonst üblich verwertet. Dagegen ist er in dem Schmucke des Chores durchaus originell. In den Stichkappen der Gewölbe schafft er mit Hilfe der Akanthusranke mit sicherem Stilgefühl ornamentale Gebilde, wie sie in ähnlicher Weise nur die Frührenaissance gekannt hat. Die durchaus verschieden behandelten Blattzweige und die Putten, welche Blattschnüre über die Schultern gezogen tragen, zeigen vollends die neue freie, flüssige und künstlerische Art. Das ganze Werk haucht den frischen Duft fröhlicher Jugendkraft und Lebendigkeit.

Die Flut italienischer Stuckatoren, die sich am Ende des 17. Jahrhunderts über Bayern ergossen, hatte sich am Anfang des 18. Jahrhunderts noch nicht gänzlich verlaufen; ein alter Stamm war noch da. Tat der Umschwung im Stile und das nationale Selbstbewußtsein den Italienern vielfach Abbruch, so war ihr altes Ansehen doch nicht auf einmal erloschen.

Für ihre alten Kunstanschauungen freilich war kein Raum mehr, sie mußten lernen in den neuen Strömungen zu

---

[1] Altbayr. Monatsschrift, Schmid, J. B. Zimmermann, 1900.

schwimmen. Daß die Vorbilder ihrer Heimat ihnen nie gänzlich entschwanden, war klar. So stellt ihre Kunst ein eigentümliches Zwitterding dar: das italienische Barock, durch seine Verpflanzung auf deutschen Boden ohnehin verändert,[1] von den neuzeitlichen französischen Ideen befruchtet.

In dem Bürgersaal zu München (1709—1710) waltet das italienische Barock noch nahezu rein vor:[2] schwere Festons, kräftige Kartuschen und Voluten, reich vergoldet; nur an der Orgelempore und am Fries finden wir leichtere Formen. Die Arbeiten sind von Franc. Appiani und Jos. Pader aus München ausgeführt.[3] Vom stilkritischen Standpunkte muß man den Italiener als Hauptstuckator ansehen. Pader wird ihm beigestanden haben und nur bei Arbeiten, die weniger im Vordergrunde standen, wird man ihm Selbständigkeit zugebilligt haben.

Innigere Fühlung mit der neuen französischen Richtung beweisen die Italiener, welche die kleine Kirche von Schönbrunn (1723—1724) mit ihren Stuckaturen erfüllten. Nirgends haben sich italienische Elemente so glücklich der französischen Weise vermählt, wie hier. Die französische Ornamentik ist inzwischen um neue Motive bereichert; das Bandwerk und Netzwerk. Ihr Erfinder ist Berain, Nachstiche seiner Entwürfe wurden vielfach in Augsburg verbreitet.

Die Kirche von Schönbrunn ist eine der ersten Bauten in Oberbayern, in deren Dekoration das Band- und Netzwerk uns entgegen tritt. Daß eine so kleine Dorfkirche so «modern» ausgestattet wurde, hat wohl seinen Grund darin, daß sie ihre Entstehung einem Manne verdankte, der für die Bewegung der Neuzeit einen offenen Blick hatte, dem Geheimsekretär und Archivar Franz Joseph von Unerthl (s. S. 40).

Die Dekoration entfaltet sich in Schönbrunn (Taf. VIII, Fig. 19) am reichsten an den Balkons und Wandnischen unter diesen an den abgeschrägten Seiten des Hauptraumes. Kartuschen mit Engelsköpfchen, freischwebende Lambrequins, Voluten

---

[1] da die italienischen Künstler sich mit der Zeit germanisiert hatten.
[2] Die Dekoration erstreckte sich ursprünglich auch auf die Decke, Stich nach Diesels Entwurf, Maillinger-Sammlung I, 121.
[3] Kunstdenkm. Oberb. S. 955.

usw. verbinden in flüssiger Weise die Balkon- und Nischenarchitekturen. Aehnlich schmeichelt sich die Dekoration in die Fries- und Simsarchitektur ein: Kartuschen, reizende Engelsköpfchen in Wolken. An den Balkons und der Orgelempore zur Flächenfüllung geeignetere Ornamente: zartes Bandwerk mit Akanthus, Netzwerk, flache Vasenreliefs mit Blumengirlanden.

Die Dekoration der Schönbrunner Kirche zeugt von hervorragendem Stilgefühl und erhebt sich durch ihre maßvolle Feinheit über das aufdringliche Gebahren vieler bei weitem größerer und reicherer Ausstattungen derselben Zeit.

Die prächtigste und umfangreichste Dekoration, an der italienische Stuckatoren beteiligt waren, das letzte Beispiel ihrer Kunstfertigkeit in der oberbayerischen Kirchenarchitektur bietet die ehemalige Klosterkirche zu Fürstenfeld (Stuckaturen des Chores 1723, des Langhauses 1731 vollendet).

Man hatte den Ueberlieferungen gemäß[1] bisher angenommen, daß der Chor von Francesco Appiani, dagegen das Hauptschiff von Eg. Qu. Asam stuckiert wäre. Dem pflichtet auch der Asam-Forscher Halm bei.[2] Trautmann hat versucht diese Annahme anzufechten.[3] Nach unserer stilkritischen Untersuchung müssen wir auch ihm zustimmen. Eg. Qu. Asams Stuckaturen sind bei seinen übrigen Werken viel breiter und kräftiger ausgeführt, spezielle, für ihn charakteristische Züge sind nirgends zu entdecken.

Am italienisch-barocksten mutet die Fensterdekoration im Chor (Taf. X, Fig. 23) an: große Volutenranken, Festons, Lambrequins, Putten, Lorbeerketten haltend, u. a. Die Fensterdekoration im Langhaus (Taf. XXI, Fig. 24/25) trägt zwar auch italienischen Grundcharakter, ist aber auch bereits von französischen Elementen durchsetzt und viel feiner: Voluten, Akanthus, Netzwerk; an den Balkonfenstern erhebt sie sich zu ungewöhnlichem Reichtum: Vasen auf spitzen Konsolen, Netzwerk, feines zartes Bandwerk mit rundlichen Medaillons,

---

[1] Nach, freilich nicht authentischen, Berichten von Roccl, Stubenvoll und Clingensberg.
[2] Halm, Die Künstlerfamilie der Asam S. 45, 46.
[3] Vorwort zu Aufleger-Trautmann, Das Kloster Fürstenfeld.

Blütenketten. Die Teile des Hauptgewölbes, welche die großen Deckengemälde übrig gelassen, erfüllen im Chor Bandwerk mit Akanthus, Blattzweige, (Taf. XI, Fig. 26) Blumenvasen u. a. in breiter Ausführung, im Langhaus Bandwerk, Akanthus, Blütenbüschel und -schnüre in gedrängtem Gewirr, meist gelblich getönt auf fleischfarbenem Grund. An dem Fries, den Gurt- und Schildbögen, und den Balkons in den Seitenkapellen finden wir eine im großen und ganzen gleichartige Dekoration: lineares Bandwerk mit Akanthus, weiß auf gelbem Grunde. Eine schöne klare Dekoration entfaltet sich an der Decke der sogenannten Kaiserloge: flaches Bandwerk mit wenig Akanthus und Blumensträußen (s. Aufleger-Trautmann, Fürstenfeld).[1]

Der dekorative Gesamteindruck ist in Ornamenten und Farben nichts weniger als harmonisch und einheitlich — hat man das bei Abschluß der Arbeiten empfunden, und das ganze Hauptgewölbe mit einer mächtigen Lorbeergirlande durchzogen, um wenigstens äußerlich eine Einheit herzustellen? — dagegen sind einzelne Motive durchaus reizvoll behandelt. Das Interessante in der noch gärenden Ornamentik liegt in den in ihr schlummernden Keimen.

Eine hervorragende Bedeutung gewinnen für die kirchliche Architektur Oberbayerns Anfang der 20iger Jahre des 18. Jahrhunderts das Brüderpaar Cosmas Damian und Egid Quirin Asam,[2] der ältere als Maler, der jüngere als Stuckator tätig. Die erste Zeit ihres Wirkens fällt hauptsächlich auf die Oberpfalz. Der spanische Erbfolgekrieg (1701—1714), dessen Schauplatz vorwiegend Oberbayern war, mag sie von ihrer engeren Heimat ferngehalten haben.

Das erste Werk, mit dem sie auf heimatlichem Boden hervortraten, war die Ausschmückung des Domes zu Freising (1723—1724) umgest.).[3] Sie müssen vorher schon berühmt gewesen sein, sonst hätte man sie wohl nicht zu einem so

---

[1] Die Kirche von Fürstenfeld ist nicht restauriert, alle Farbentöne sind ausgezeichnet erhalten.

[2] Vgl. Halm, Die Künstlerfamilie der Asam.

[3] der zur Feier des 1000 jährigen Bestehens des Bistums ein modernes Festgewand bekommen sollte.

großartigen Unternehmen herangezogen. Durch ihre Freisinger Arbeit aber wuchs ihr Ruhm weit über die Grenzen des Landes hinaus. Auch in München wurden ihnen jetzt auf dem Gebiete des Kirchenbaues mancherlei Aufträge zuteil.

Für den Charakter dessen, was die Gebrüder Asam geschaffen, ist der italienische Einfluß maßgebend, der in ihren Lehr- und Wanderjahren auf sie gewirkt hatte. Ihr Vater, der Maler Hans Georg Asam, ein eifriger Anhänger des italienischen Kunstwesens, mag sie in diese Richtung gedrängt haben, auf seine Veranlassung werden sie nach Rom gezogen sein, wo sie ihre künstlerischen Studien gemacht haben.

Einen konservativ-italienischen Zug haben sie denn auch ihr ganzes Leben beibehalten, er zieht sich durch alle ihre Werke trotz ihrer Empfänglichkeit für die Ideen einer neuen Zeit.

Wir haben uns hier bei Betrachtung der reinen Dekoration nur an die Arbeiten des Stuckatoren Egid Quirin Asam zu halten.

In dem Dome von Freising herrschen die Malereien von der Hand Cosmas Damian Asams vor. Die Stuckaturen verbreiten sich nur an den Wandflächen des Hauptschiffes, den Gewölben des Seitenschiffes und der Emporen. Ihre Anordnung und Plastik verrät, im Gegensatz zu den Fürstenfelder Dekorationen, den Ursprung e i n e r Hand oder vielmehr e i n e s Kopfes, denn ohne Gehilfen wird Eg. Qu. Asam die umfangreichen Arbeiten wohl kaum innerhalb der kurzen Zeit eines Jahres bewältigt haben.

Putten mit Inschriftbändern verdecken die Ueberschneidung der Scheidbögen und Emporensimse (Taf. XII, Fig. 27), Bänder aus Herzblatt, zum Teil in derben großen Voluten sich ausrollend, umrahmen die Emporenöffnung. Am Fries, den unten ein Band mit Birnenmotiven säumt, Voluten, Bandwerk, Akanthus. Unter dem Sims zapfenartige Gebilde, auf demselben an den Kämpferfüßen Frauenköpfe mit Federn und Akanthusgewächse zwischen Voluten. An den Fenstern ungefüge Akanthen und Bandwerk. In den Stichkappen (Taf. XII, Fig. 28) auf gelbem Grunde Netzwerk, Blütenzweige, Bandwerk mit kräftiger Betonung der Grenzlinien, in ihrer schwungvollen Behandlung von der übrigen Dekoration gänzlich abweichend und französischen Einfluß verratend.[1]

Die Stichkappen sind eingerahmt von Eierstäben.

Am Gewölbe der mittleren Seitenschiffe Akanthusranken mit Bandwerk in leidlich übersichtlicher Anordnung, in den Apsiskapellen der Seitenschiffe an den Zwickeln Kartuschen von ähnlichem Charakter. An den Emporengewölben reichere Dekoration: (Taf. XIII, Fig. 29) Volutenbänder mit Akanthus (in der Mitte stark plastisch hervorquellend), Blütenkränze und -schnüre, Palmen, Voluten, Muscheln, feine Blattzweige.

Orgelempore und Oratorien im Chor tragen noch reinere barock-italienische Formen.

Die Stuckaturen sind meist rosa getönt, ihre technische Ausführung ist recht gut. Am Hauptgewölbe ahmen Malereien Stuckaturen (Festons, Genien usw.) nach, ebenso an den Emporengewölben (Bandwerk). Zeit und Geld mögen nicht gereicht haben, sie wirklich auszuführen.

Sparsamer wendet Eg. Qu. Asam seine Dekorationskunst an in den Münchner Pfarrkirchen von St. Anna a. L. (1729 stuck.), St. Peter (1729 stuck.) und St. Anna-Damenstiftskirche (1732 stuck.).

In St. Anna a. L. (Taf. XIII, Fig. 30) sind es breite, zum Teil profilierte Bänder, die die Deckengemälde einrahmen, die Schildbögen säumen, und sich in Voluten ausrollen, gegen die die kleinen verstreuten Kartuschen, Blattzweige u. a. nicht recht aufkommen können, während das große Stucko-Wappen über den Triumphbogen selbständige Beachtung beansprucht.

In St. Peter kommen wohl nur die Stuckaturen des Presbyteriums (Taf. XIV, Fig. 31) — die einzigen, die gut erhalten sind — für Asam in Betracht: kräftiges Bandwerk, Akanthusrosetten, Blattzweige (alles vergoldet), in den Hängezwickeln Kartuschen, bei denen bereits das Muschelwerk Platz greift.

In der St. Anna-Damenstiftskirche (Taf. XIV, Fig. 32) ist die Dekoration am zurückhaltendsten. Das am meisten angewandte

---

[1] Nach Halm auf das Studium Gicle Marie Oppenorts zurückgehend.

Bandwerk ist gedrungen und im Chor und Vorraum zu großzügigeren Formationen gestaltet, es wird umspielt von anmutigem Laubwerk; am feinsten sind die Panneaux, bei denen die Akanthusranke eine größere Rolle spielt.

Die Stuckierung des Bürgersaals zu Ingolstadt (1732—1736) gehört mit zu den letzten Arbeiten Eg. Qu. Asams. Wenn auch die Ausführung derselben von seinen Schülern [1] herrührt, so ist doch anzunehmen, daß diese seinen Entwürfen und Ratschlägen gefolgt sind. Als geistigen Urheber haben wir immerhin Asam anzusprechen.

Asam ist in diesem Spätwerke auf dem Wege, die alte italienische Schulbildung abzustreifen, wieder ein gutes Stück vorwärts gekommen.

An Italien mahnen vor allem noch die Kartuschen in den Ecken mit ihren wilden Volutenschlangen; hier hat auch der Bildhauer Asam durch die Einbeziehung der personifizierten vier Weltteile in die Dekoration ein Wort gesprochen (Taf. XV, Fig. 33). In der übrigen Dekoration, die sich hauptsächlich innerhalb der zur Decke überführenden Hohlkehle bewegt, kommt bereits die leichte spielende Art des Rokoko zum Durchbruch. In das Getümmel verschlungenen Bandwerks mit Akanthus, Blütenketten und Volutenschnecken, fügen sich die in Freising schon beobachteten eigentümlichen Schweifformen organisch ein. Feste Ruhepunkte in der Erscheinungen Flucht und Mittelpunkte in der immerhin noch streng symmetrischen Anordnung bilden Vasenreliefs (Taf. XV, Fig. 34).

In der Farbengebung hat Asam den Ton des französischen Rokoko noch nicht getroffen. Er gefällt sich in dem lebhaften Farbenkontraste der Südländer.

Die letzte gemeinsame Arbeit der Gebrüder Asam «ihr Schwanengesang» ist die von ihnen auf eigene Kosten erbaute und dekorierte Kirche St. Johann-Nepomuk in München (1733 bis 1735). Daß sie auf ein Werk, in dem gewissermaßen ihre Dankbarkeit für das ihnen beschiedene Glück zum Himmel steigt, besondere Liebe und Sorgfalt wendeten, braucht wohl nicht erst betont zu werden. In der Kirche von St. Johann-

---

[1] Wolker Goetz, und Th. Schäffler; s. Halm, Künstlerfamilie der Asam S. 47.

Nepomuk haben sie die letzten Konsequenzen ihrer immer mehr der französischen Richtung zustrebenden Entwicklung gezogen. St. Johann-Nepomuk bedeutet den Sieg freier Anmut über eindrucksvolle Schwere und Kraft, den Triumph des Rokoko über das Barock.

Die Wirkung der Ornamentik (Taf. IX, Fig. 21) in St. Johann-Nepomuk liegt weniger in ihren Formen, von denen leichtes tändelndes Ranken- und Bandwerk neben kräftigen Kartuschenbildungen in Betracht kommt, als in den farbigen Kontrasten, die durch die originelle Beleuchtung eine wechselvolle Schattierung erfahren. Der Bildhauer Asam hat in der großen Gruppe der Dreifaltigkeit, in den Reigen von Putten und Genien und den ausdrucksvollen Vasen über dem Sims sein plastisches Talent in glänzendster Weise zum Ausdruck gebracht.

E. Asam nimmt in der Kunst des Frührokoko eine Sonderstellung ein, einmal durch seine starke dekorative Begabung, dann aber auch durch seine italienischen Reminiszenzen, die ihn sein ganzes Leben begleiten.

Unabhängiger von Italien waren die kleineren Meister, deren Aufgabe vorwiegend in der Ausschmückung von Dorfkirchen bestand. Für sie war der traditionelle Faden der italienischen Kunst abgeschnitten.

In der Schloßkirche von Urfarn (1727) kann man noch ein Uebergangsstadium von der älteren Dekoration des reinen «Laubwerks», des Akanthus, zum Band- und Gitterwerk beobachten. Im übrigen tritt das Bandwerk verbunden mit dem Akanthus auf, wie wir es schon in den Arbeiten der Italiener und des E. Asam kennen gelernt haben. Seiner Bedeutung als etwas Neuem wird hier aber ganz anders entsprochen. Die Italiener und Asam verwerten das neue Motiv nur gelegentlich, anderen Ornamenten untergeordnet, oder in dieselben eingestreut. Die Kleinmeister des Frührokoko verstehen den Selbstzweck des Bandwerks, erfüllen mit ihm fast ausschließlich ihre Flächen und verarbeiten es zu eigenartigen Kompositionen.

Die Dekoration der Hl. Geist-Pfarrkirche (1724—1730)[1]

---

[1] an der Matth. Schidtgartner beteiligt war.

(Taf. XVI, Fig. 35) bedeutet die umfangreichste im Geiste des Frührokoko ausgeführte Arbeit. Ihrer Frühzeit entsprechend, ist die Ornamentik plastisch noch ziemlich kräftig herausgearbeitet, aber ihre allgemeine Tendenz geht doch auf das Zierliche und Feine: verschlungenes Bandwerk mit Akanthus, Netzwerk, schöne kräftige naturalistische Formen.[1]

Der Tätigkeit Joseph Schmuzers als Baumeister haben wir schon gedacht; als Dekorateur ist er aber in den von ihm erbauten Kirchen ungleich bedeutender. In Betracht kommen wieder die Kirchen von Garmisch (1730—1733), Mittenwald (1734), Oberammergau (Taf. XVI, Fig. 36). (1736—1742), St. Anton in Partenkirchen (1740 erweitert). Er vertritt einen sehr feinen Stil des Frührokoko. Er fügt aus dem in kurzen Schwüngen behandelten Bandwerk mit Akanthus mannigfache Gebilde, durch die sich häufig goldene Blütenketten ziehen. Er behandelt mit als erster in gefälliger Weise die Kartusche in den Formen des Rokoko; hie und da drängt sich bereits das Muschelwerk schüchtern in seine Formenwelt.[2] Seine Dekorationen haben mehr oder weniger unter Restaurationen leiden müssen; wahrscheinlich ist, daß bei ihnen weiß und gold vorherrschte und nur matte Grundierungen in rosa oder blau vorkamen. Einen Anhaltspunkt hierfür bietet die Kapelle von St. Anton in Partenkirchen, die von gut gemeinten Restaurationen bisher verschont geblieben ist.

Den Arbeiten Joseph Schmuzers stellen sich würdig zur Seite die Stuckaturen von Fischbachau (1730) (s. Kunstdenkm. Oberb. S. 1446). Die alte Bemalung ist hier gut erhalten: Stukkaturen weiß auf rosafarbigem oder blaugrauem Grunde, gelbbraune Tapetenmuster.

Eine mehr handwerksmäßige Art des frühen Rokoko spricht sich in den Stuckaturen der Kirche von Bergkirchen aus (1. H. 18. J.); immerhin sind sie ganz originell und in dem offenkundigen Streben nach Feinheit durchgeführt.

Die Ornamentik des Frührokoko ist durch ihre naive

---

[1] Einige wenige barocke Züge (Kartuschen) usw. sind vielleicht auf Konto E. Asams zu setzen, der hier auch an den Deckengemälden beteiligt war.

[2] Auch die Verteilung seiner Stuckaturen im Raume zeugt von abwägendem Sinne.

Frische von großem Reize, in ihr schlummert noch die ungebrochene Kraft, die sie zu weiterer Entwicklung befähigt. Auch technisch sind die Stuckaturen des Frührokoko von ausgezeichneter Güte, sie müssen mit großer Sorgfalt und aus gutem Material hergestellt sein.

2. Uebergangszeit.

Die Zeit von 1735 - 1750 wird gekennzeichnet durch eine Richtung, in der wir ein Verklingen der alten und ein Erwachen neuer ornamentaler Formen beobachten können. Sie bedeutet den Uebergang vom Frührokoko zum reifen entwickelten Rokoko, zum Spätrokoko.

An die Spitze unserer Betrachtung müssen wir wiederum J. B. Zimmermann setzen, der jetzt seine für die oberbayerische Kirchendekoration des 18. Jahrhunderts universelle Bedeutung gewinnt.

Das Glück sollte es fügen, daß auf den von Haus aus mit glänzender Begabung und eisernem Fleiße ausgestatteten Zimmermann die Blicke des Hofes immerhin noch früh genug gelenkt wurden. Im Jahre 1720 wurde Zimmermann zu den Schleißheimer Schloßarbeiten, die unter Effners Leitung im Gange waren, zugezogen.[1] Von der Zeit ab, war er Jahrzehntelang bei den verschiedensten Arbeiten des Hofes beteiligt. Vom Jahre 1730 an war er unter dem französischen Hofarchitekten Cuvilliés vielfach beschäftigt. Hatte die Tätigkeit Zimmermanns im Schlosse zu Schleißheim und anderwärts bei seinem Arbeiten neben den vom Hofe herangezogenen französischen Künstlern Dubut, Lespilliez u. a. auf seine Entwicklung schon fördernd gewirkt, so eröffnete die Beschäftigung unter Cuvilliés, der selber zu den glänzendsten Dekorationskünstlern der Rokokozeit zählt, ihm ganz neue Bahnen.

So verdankt Zimmermann dem Hofe das Rüstzeug für seine im Dienste der Kirche selbständig ausgeführten Werke.

Des Zusammenhanges willen sei hier zuerst eine Arbeit Zimmermanns genannt, die noch der Periode des Frührokoko

---

[1] Die Stuckaturen im Erdgeschoß verraten unter anderem seine Hand.

angehört, die Dekorationen der ehemaligen Klosterkirche zu Weyarn (Taf. XVII, Fig. 37/38) (1729 stuck.). Sie gehört mit zu dem Anmutigsten, was Zimmermann geschaffen hat. Bezeichnend ist, daß zu einer Zeit, wo das lineare Ornament des Bandwerks sich bereits die Welt erobert hat, bei ihm doch die Freude am Naturalistischen obsiegt: sehr zierliches Gerank von Akanthus und Blattzweigen, die sich z. T. um Bandwerk schlingeln, Gitterwerk, Putten, Vasen usw.[1]

Erst 1737 kommt Zimmermanns Arbeitskraft wieder der oberbayerischen Kirchenarchitektur zugute; die mannigfachen vom Hofe an ihn gestellten Aufgaben hatten ihn bisher vollauf in Anspruch genommen. Es war die Kirche St. Jakob auf dem Anger, (Taf. XVIII, Fig. 39/40) die er in diesem Jahre dekorierte. Der beginnende ornamentale Umschwung macht sich bemerkbar. Dem neuen Motiv des Muschelwerks ist schon ziemlich viel Platz eingeräumt. Die Muschelform lehnt sich an das Bandwerk an, das noch immer von zahlreichen naturalistischen Motiven durchwachsen ist. Durch die Muschel erhält Zimmermanns Ornamentik wiederum eine kräftigere Note. Seiner Freude am Figürlichen hat Zimmermann besonders in den Seitenschiffen in den reizenden Engelsköpfchen und -gestalten Ausdruck verliehen.

Im folgenden Jahre, 1738, stuckierte Zimmermann die Kirche zu Prien (Taf. XIX, Fig. 41/42). Zimmermann befleißigt sich hier einer klaren großzügigen Dekorationsweise: Vasen mit Blattzweigen und Muschelschwänzen, Muschelkartuschen und Blütengirlanden, Band- und Netzwerk.

Im Chor (Taf. XIX, Fig. 42) sehr reiche Behandlung: geschweifte Bildereinrahmungen und eigenartige Bandwerkgebilde mit Muschelkämmen,[2] Palmen, Blumen, Früchte usw.

Auf die Dekoration der Franziskanerkirche in Ingolstadt (1739) hat Zimmermann allzu viel Mühe nicht verwendet. Das Lineare des Bandwerks kommt hier weniger durch naturalisti-

---

[1] Den Stuckaturen kommen wohl am nächsten die Stuckaturen vom sog. Billardsaal in Tegernsee (1728—1732); s. Kunstdenkm. Oberb. S. 1513.

[2] Dieselben sind zum Turnier gepanzerten Pferden, die aufeinander losstürmen vergleichbar.

sche Motive beeinträchtigt stärker zur Geltung; kräftige Muschelkartuschen.

Die Stuckaturen der Kirche von Reitenhaßlach (1735—1743) (Taf. XX, Fig. 43) kann man wohl ohne Bedenken aus stilistischen Gründen Zimmermann zusprechen. Die für Zimmermann charakteristischen Muschelrippen und -kämme treten hier allenthalben auf, daneben tummeln sich Bandwerk, Netzwerk und Blütenranken in munterem Reigen, zum Teil auf Kosten der Klarheit der Komposition.[1]

Die erste größte Rokoko-Kirche, deren Ausschmückung Zimmermann übernahm, war die Kirche von Berg a. Laim (1739—1744 stuck.).

Die Stuckaturen (Taf. XX, Fig. 44) kommen bei der Höhe der Kirche weniger zur Geltung und man täuscht sich leicht über ihren Umfang.

Die in Prien entwickelten schwungvoll-kecken tierähnlichen Bildungen sind hier mannigfach verwertet, zum Teil mit Anwendung des Muschelwerks, daneben Blüten- und Fruchtarrangements; das Bandwerk tritt zurück.[2]

Nach Vollendung der Kirche von Berg a. Laim vertraute man Zimmermann die dekorative Ausstattung der Klosterkirche von Dietramszell (Taf. XXI, Fig. 45) an (1744 stuck.). Aus diesem Werke, das doch schon einer späteren Zeit des Meisters angehört, geht hervor, wie in Zimmermann trotz aller neueren Strömungen und trotz seines Alters, die frische Anschauungsart seiner Jugend lebendig ist. Die klare freie Art, das zierliche, flüssige Leben, das seine Schlierseer Arbeiten erfüllt, haben seine Dietramszeller Stuckaturen noch nicht verloren. Das Netzwerk tritt hier stärker und selbständiger in den Vordergrund, daneben Bandwerk mit Muschelrippen und seine lieblich gaukelnden Motive der Pflanzenwelt. Die Muschelkartuschen, die immer breiter behandelt werden, vertreten das kräftigere Moment.[3] Etwas sehr kräftig, beinahe roh, wirken

---

[1] Im Chor reiches Pflanzenleben.
[2] Die Stuckaturen heben sich zum Teil auf gelbem teppichartigem Grunde, scharf ab.
[3] Auch der Akanthus erhält jetzt eine muschelartige Plastik.

die großen Vasen mit ihrer starken Pflanzenfüllung. Sie fallen entschieden aus der sonst einheitlichen Gesamtwirkung heraus und scheinen nicht Zimmermanns Initiative entsprungen zu sein. Bei der Marktkirche zu Grafing (1743 von Zimmermann stuck.), macht das Muschelwerk dem Bandwerk stärkere Konkurrenz. Pflanzenmotive behalten nach wie vor ihre Geltung. Die Ausschmückung der ehemaligen Klosterkirche zu Diessen (1733—1739) (Taf. XXI, XXII, Fig. 46/47) besorgten Franz Xaver und Michael Feuchtmayer aus Augsburg und Johann Georg Ueblhoer aus Wessobrunn.[1]

Die Stuckaturen zeigen für die Zeit ihrer Entstehung einen auffällig gereiften Charakter: krauses Muschelwerk, symmetrisch angeordnet, bestimmt bereits den Gesamteindruck, daneben treten Bandwerk, Netzwerk und naturalistische Ornamente auf. Im großen und ganzen ist die Wirkung eine einheitliche trotz gewisser ornamentaler Unterschiede in der Behandlungsweise, die man nur bei näherer Betrachtung inne wird. So sind trotz des fortgeschritteneren Stiles barocke Züge unverkennbar. Die Kartuschen in den Hängezwickeln des Presbyteriums (Taf. XXII, Fig. 47) sind nur durch Rokokoformen verbrämt. Ihre Grundgedanken sind barock, ebenso verraten die eleganten geschweiften Fensterarchitekturen und die aus kräftigen, gerollten Bändern herauswachsenden Genien barocken Charakter. Auf der andern Seite ist eine besonders zierlichfeine und vornehme Weise an den Oratorien, den Schrägen und Fensterpilastern des Vorchores bemerkbar. Eine durch ihre Reife die übrige Ornamentik übertreffende Dekoration entfaltet sich an der Orgelempore. Das vielfach angewandte Gold an den meist ganz weiß gelassenen Stuckaturen erhöht den gediegen-prächtigen Eindruck der reich geschmückten Klosterkirche.

Die Kirchen von Steingaden (1729—1754 umgest.)[2] (Taf. XXII, Fig. 48) und Rottenbuch (1738—1757 umgest.), (Taf. XXIII, Fig. 49) deren Dekoration auch noch im Zeichen des Ueber-

---

[1] s. Kunstdenkm. Oberb. S. 518.
[2] Stuck. von Xaver Schmuzer.

ganges steht, sind in der Absicht auf möglichst große Formfülle ornamentiert. In ihr gibt sich eine derbe volkstümliche Art kund. So technisch gut die Ausführung der Ornamente ist, so unkünstlerisch ist ihre Ueberhäufung.

In den Stuckaturen der kleinen Kirche von Sandizell (1736 stuck. von Martin Hoermanstorfer aus München)[1] (Taf. XXIII, Fig. 50) klingt in vieler Beziehung die Weise Zimmermanns an. Ihr Verfertiger war auch bei den Stuckarbeiten im Schlosse Schleißheim tätig (1722); möglich, daß er dort Beziehungen zu Zimmermann geknüpft hat.

Die Kirchen von Berbling (1751—1756) und Aibling (1755 bis 1756) verwerten Stuckaturen, die so recht eigentlich auf der Schwelle des Ueberganges stehen, obwohl sie zeitlich schon hätten darüber hinweg sein können.[2]

In Berbling mahnt das reichlich angewandte Bandwerk noch an das Frührokoko, während die zackigen Muschelkartuschen bereits einer neuen Stilrichtung angehören. In Aibling tritt das Bandwerk mehr zurück, die Muschelkartuschen sind aber noch recht ängstlich.

3. Spätrokoko.

Die letzte Phase, die das Rokoko erreicht, äußert sich in dem endgültigen Siege des Muschelwerks, das jetzt allein das Feld behauptet und in fröhlichster, oft an Tollheit grenzender Ungebundenheit alle Schranken überspringt.

Die Rokoko-Kirchen Oberbayerns stellen dieser Richtung ein besonders zahlreiches Kontingent. Freilich ist auch viel Minderwertiges darunter; bezeichnend ist jedenfalls, wie der Volksstamm der Bayern dem Ueberschwange der Formen entgegenkommt. Noch heute ist die Volkstümlichkeit des entwikkelten Rokoko nicht erloschen. Die hervorragendsten, in dem eben ausgeführten Sinne dekorierten Kirchen knüpfen sich wiederum an den Namen J. B. Zimmermann. Es ist freilich anzu-

---

[1] Monatsschrift d. hist. Ver. v. Oberb. 1894; Trautmann, Die Pfarrkirche Sandizell und ihre Meister S. 143.

[2] Die Stuckaturen in Aibling rühren von Th. Schwarzenberger aus Aibling und Fink aus Erding. Kunstdenkm. Oberb. S. 1566.

nehmen, daß Zimmermann eine zahlreiche, gut geschulte Stukkatorentruppe zur Verfügung hatte, die nach seinen Entwürfen arbeitete, sonst hätte der greise Künstler unmöglich in so kurzer Zeit so umfangreiche Werke schaffen können.[1]

In der Dekoration der Wallfahrtskirche «in der Wies» (die sein Bruder 1746—1753 erbaute) zeigt Zimmermann sich bereits ganz durchdrungen von den Ideen des Hochrokoko.

Das Bandwerk hat seine Bedeutung jetzt eingebüßt, die Begrenzungslinien werden jetzt vorzugsweise durch breite stark plastische Bänder gebildet, denen durch Ausbuchtung und Riefelung die charakteristischen Züge des Muschelwerks geliehen werden. Die Bänderformen führen wieder zu geschlossenen Gebilden, zu Kartuschen. In der zahlreichen Anwendung der Kartuschen und der stärkeren Plastik nähert sich das Hochrokoko wieder dem Barock. Die leichte Grazie des Frührokoko ist noch in den das schwerere Muschelwerk umspielenden naturalistischen Motiven erhalten.

In der Kirche «in der Wies» (1746—1754) entfaltet sich die Dekoration im Hauptraum (Taf. XXIV, Fig. 51) hoch oben an der Decke als Ueberleitung zum Deckengemälde: über dem Gesimse der gekuppelten Pilaster Muschelkartuschen in Voluten auslaufend, darüber Vasen und Felsimitationen mit Balustraden. Als Füllwerk allenthalben Muschelformen die Gesimse überwuchernd. Im Chor (Taf. XXIV, Fig. 52) überströmender Formenreichtum: krauses Muschelwerk, zum Gewölbe sich aufbäumend und flammenartig züngelnd, dazwischen munteres Pflanzenleben. Die dekorative Pracht wird durch das viele Gold gesteigert. In keiner Rokoko-Kirche Oberbayerns kommt die überschäumende Dekorationsfreude des Ornamentisten so phantastisch wie hier zum Ausdruck.

Die Stuckaturen im Langhaus von St. Peter zu München (1753—1756 stuck.) von Zimmermann sind der Zerstörung anheimgefallen, aus den schwach erhaltenen Resten des Mittelschiffes läßt sich noch sein Stil erkennen.

In der Klosterkirche von Andechs (1752—1756 umgest.) (Taf. XXV, Fig. 53) entfaltet Zimmermann seine Dekorationskunst

---

[1] Vgl. Altbayr. Monatsschrift; 1900 Schmid, J. B. Zimmermann S. 80.

in prunkvollster Weise. Für das Material muß ihm hier viel Geld zur Verfügung gestanden haben, da er nirgends so viel Gold wie hier anwendet: freischwebende Blütenketten, Blatt- und Blütenzweige in Gold treten hier gegenüber den Muschelumrahmungen, die schonungslos in zügelloser Assymmetrie die gotischen Gewölbegrate überwuchern, mehr in den Vordergrund. Die Dekoration der Andechser Kirche ist eine Leistung von sicherer Mache, die in ihrer strotzenden Ueppigkeit dem zum Gnadenort pilgernden Volke imponieren mußte.

Mehr mit Ruhepunkten für das Auge arbeitet Zimmermann in der dekorativen Ausgestaltung der Kirchen von Schäftlarn (1756 stuck.) und Neustift bei Freising (1756 stuck.)

In der Kirche von Schläftlarn (Taf. XXV, Fig. 54) hat er das Muschelband in eine Fülle von Einzelmotiven aufgelöst: die muschligen Schweifformen wogen nach allen Richtungen, während die Gesamtformationen zueinander in strenger Symmetrie und den architektonischen Verhältnissen gemäß angeordnet sind. Das stellenweise angewandte Gold erhöht die nervöse Unruhe der Stuckaturen.

In der Ausschmückung der Neustifter Kirche (Taf. XXVI, Fig. 55) hat Zimmermann auf die Ausbildung einzelner Kartuschen über den Pfeilern den Hauptwert gelegt. Den technisch brillanten Arbeiten liegt der Gedanke der Assymmetrie zu Grunde: die Einzelformen sind wieder großzügiger angepackt und von schwungvollster Wirkung.

Derjenige Künstler, welcher nach Zimmermanns Tode die Weiterbildung des Rokoko bis zu seiner höchsten Steigerung durchführt, ist Jakob Rauch aus Augsburg. Er hat die ehemalige Klosterkirche von Rott a. Inn (1759—1763) (Taf. XXVI, Fig. 56) stuckiert; neben ihm war dort Franz Xaxer Feuchtmayer tätig. Das grandioseste was das Rokoko in der oberbayerischen Kirchenarchitektur hervorgebracht hat, sind die vier Kartuschen in den Hängezwickeln des Hauptraumes daselbst: den kühnen freien Schwung der emporstrebenden Muschelranken durchkreuzt flatterndes Gewölk, in dem sich muntere Engelknaben, Blütenzweige haltend, tummeln. Trotz des großen Reichtums der Einzelheiten und der außerordentlichen Grandezza empfinden wir doch nirgends ein Zuviel. Die Kartuschen an den Scheiteln des

Triumphbogens und der Nischenbögen zeugen von ähnlicher schwungvoller Mache, die Zwickelkartuschen des Chores sind ruhiger behandelt. Die übrige Dekoration tritt gegen die Kartuschenbildung zurück. Originell sind in den Seitenschiffen die aus den Muschelornamenten herauswachsenden Putten, die einen Blütenkranz tragen (Taf. XXVII, Fig. 57)[1] und von zarter Ausführung die flachen Reliefs an den Hängezwickeln des Hauptraumes; überhaupt ist alles bis in die kleinsten Einzelheiten fein durchgearbeitet.

In der Klosterkirche von Ettal (1744—1752) hat Joseph Schmuzer, der tüchtige Vertreter des Frührokoko bewiesen, daß er auch den entwickelten Formen des Rokoko gerecht zu werden weiß; Uebelhoer stand ihm hier zur Seite. Die feine zierliche Art der Muschelmotive erinnert ebenso wie die Bildung der Muschelkartuschen an den Wandflächen an Schmuzers Arbeiten im Geiste des Frührokoko. Er hat die neuen Formen aufgegriffen, ist aber seiner alten Auffassungsweise treu geblieben. Auch die vergoldeten Blütenketten, die sich allenthalben durch die Dekoration ziehen, grüßen uns als alte Bekannte (s. S. 61). Nur die freien Fries und Simse überwuchernden Kartuschen — vielleicht von Uebelhoer — bedeuten etwas ganz neues. Die maßvolle Anwendung der zierlichen Ornamentik, das vornehme Zusammenklingen der Farben (vorwiegend weiß und gold) und das edle Material steigert die Wirkung der prächtigen Dekoration.

Die Dekoration der Wallfahrtskirche «unseres Herrn Ruhe» bei Friedberg (1730—1753) und der ehemaligen Klosterkirche von Baumburg (1757 umgest.) gehören zu den umfangreicheren Kompositionen.

In «unseres Herrn Ruhe» sind die Stuckaturen von seltener Keckheit, in größter Zügellosigkeit bedecken ihre breiten teigartigen Massen das Architektonische. Was hier der Dekoration fehlt, ist der künstlerische Takt.

In Baumburg (Taf. XXVII, Fig. 58) hat der Stuckator trotz besten Wollens nicht recht aus sich herauskommen können, der

---

[1] Aehnlich in Diessen an den Oratorien, daher vermutlich von Fr. Xav. Feuchtmayer.

künstlerische Schwung fehlt trotz der vielen Schweifformen, die Formen sind ängstlich trotz ihrer Assymmetrie.

Die Dekoration der Maltheserkirche zu Landsberg (1752 bis 1754) (Taf. XXVIII, Fig. 59) ist eine gute Leistung des entwickelten Rokoko; die sparsame Verwendung der vielfach vergoldeten Ornamente kommt dem Gesamteindruck des stattlichen Raumes zugute.

Dagegen leidet die Klosterkirche von Indersdorf (1754 bis 1755 umgest.) wieder unter der Ueberfülle der Formen, das Figürliche spielt da eine größere Rolle als gemeinhin im Spätrokoko.

Die kleinen Kartuschen und die aus Bändern herauswachsenden Genien[1] an den Wandzwickeln der Klosterkirche von Altomünster (1763—1773) (Taf. XXVIII, Fig. 60) fügen sich nicht recht organisch in die Architektur ein. Für sich betrachtet sind aber die Ornamente schwungvoll und technisch gut durchgeführt.

Unter den kleineren Dorfkirchen finden wir mancherlei Dekorationen des gereiften Rokoko, die unbeachtet gelassen werden dürfen.

Die Stuckaturen der Kirche von Starnberg (Taf. XXIX, Fig. 61) übersteigen das Mittelmaß. Ihr verwandt sind die trefflich ausgearbeiteten aber weniger freien Dekorationsformen der Kirche von Perchting (Taf. XXIX, Fig. 62).

Der spätesten größter Ungebundenheit sich erfreuenden Richtung des Rokoko gehören die Stuckaturen von Grafrath (1752), Wessobrunn (1759) (Taf. XXX, Fig. 63) Inning (1767) und St. Leonhard i. Forst (1770) an.

Diese Richtung kann sich in der Entfesselung der Kartuschenform, die ihren höchsten künstlerischen Ausdruck in Rott a. Inn (s. S. 68) gefunden hat, nicht genug tun; in der Zahl der Ornamente hält sie im übrigen Maß. Die Kartuschen wachsen nicht selten in die Deckengemälde hinein, bezeichnend für die Willkür ihrer Formen sind die freien Ringbildungen; Blütengirlanden mit und ohne Putten gehören zu ihrem häufigen Beiwerk.

---

[1] Sie erinnern lebhaft an die Genien der benachbarten Kirche von Indersdorf daher vermutlich von derselben Hand.

Eine originelle volkstümliche Leistung stellt die Dekoration der Kirche von Wiechs (1754—1758) (Taf. XXX, Fig. 64) dar: die flachen Kartuschen sind hier mit Reliefs erzählenden Inhalts erfüllt. Die Sache schmeckt etwas nach dem Zuckerbäcker, verrät aber immerhin einen selbständigen Kopf.

Die alten Farbentöne der Stuckaturen haben vielfach Restaurationen weichen müssen. Wir haben gelegentlich bei Erhaltung der ursprünglichen Farben auf diese hingewiesen.

Im allgemeinen sind die Ornamente weiß, gelb oder rosa getönt, bei den Grundierungsflächen kommt auch blau vor, bei vornehmeren Ausstattungen wird gold angewandt, ganz (besonders bei Blütengirladen) oder teilweise (am meisten in Verbindung mit weiß). Die Tönungen der Rokokostuckaturen tragen meist einen matten gedämpften Charakter, am kräftigsten sind die Farben von E. Qu. Asam.

VI. DECKENMALEREI UND INNERE AUSSTATTUNG.

Einen wesentlichen Bestandteil der Rokokokirchen bilden die Deckenmalereien.

Die Deckenmalerei hat ihre Ausbildung in Italien bereits zur Zeit der Renaissance gefunden. Mantegna hatte zuerst versucht, bei den Malereien der Decke perspektivische Probleme zu lösen. Sein Beispiel sollte viel Anklang, Nachahmung und Weiterbildung finden. Correggio, die Venetianer und dann die italienischen Barockmeister wandeln in seinen Fußstapfen.

Vorzüglich vom italienischen Barock hat Bayern die Anregung zu seinen Deckenmalereien empfangen. Der erste bayrische Meister, der am Ende des 17. Jahrhunderts Kirchen mit Deckenmalereien schmückte, war Hans Georg Asam, der Vater des uns bekannten Brüderpaares Cosmas Damian und Egid Quirin Asam (s. S. 21). Bis dahin waren in der bayerischen Kirchenarchitektur als Gewölbeschmuck ausschließlich Stuckaturen zur Anwendung gekommen. Die Entwicklung der Deckenmalerei geht nun in der Weise vor sich, daß sie zunächst kleine Felder, die bei der herrschenden Felderdekoration gegeben waren, füllt, allmählich an Raum gewinnt und schließlich den größten Teil des ganzen Gewölbes erobert.

Die Freskenmalereien der Decke stellen an das technische Können der Künstler große Anforderungen, da zu der Schwierigkeit über dem eigenen Kopfe zu malen, noch hinzu kam, daß die Künstler an eine bestimmte Zeit, so lange der Kalk naß war, gebunden waren. Fixigkeit und sichere Beherrschung der Formen mußten daher unbedingt von ihnen verlangt werden.[1]

In der ersten Hälfte des 18. Jahrhunderts nimmt als kirchlicher Deckenmaler C. D. Asam die erste Stelle ein. Sein Bruder Egid, den wir als hervorragenden Stuckator kennen gelernt haben, kommt als Maler neben ihm kaum in Betracht. C. D. Asam ist der berufenste Meister, die von seinem Vater eingeschlagene Richtung weiter zu entwickeln.

In seinen ersten Deckenfresken, von denen auf Oberbayern die Malereien der Dreifaltigkeitskirche zu München, der Kirche von Fürstenfeld, des Freisinger Domes, der Hl. Geist-Kirche, St. Annakirche a. Lehel und Damenstiftskirche zu München, «unseres Herrn Ruhe» bei Friedberg, des Bürgersaales zu Ingolstadt und der Johanniskirche zu München, fallen, beweist er den Zusammenhang seiner Kunst mit der des Vaters. Die Vorliebe für Architekturen in der für den nach oben sehenden Beschauer geeigneten Perspektive, die seinem Vater eignete, wird ihm ebenso verhängnisvoll wie jenem; die schweren, braungelben Töne, die Hans Georg Asams Bilder durchziehen, finden wir auch bei ihm wieder.

In seinen späteren Werken macht er dem neuen Zeitgeiste immer mehr Zugeständnisse. Seine Kompositionen werden freier und leichter, seine Farben freudiger und lichter. Zu völliger Abstreifung aller italienischen Reminiszenzen ist er ebensowenig wie sein Bruder Egid jemals gelangt. Aber mehr oder weniger haben sie sich doch in seiner künstlerischen Kraft aufgelöst.

Seine glänzendste Arbeit bleibt das Deckenfresko des Bürgersaals in Ingolstadt, in dem Barock und Rokoko sich die Hand reichen, ein Werk eindrucksvoller Erhabenheit zu liefern.

Ob J. B. Zimmermann als Stuckator oder Maler bedeutender

---

[1] Ueber die Technik vgl. Popp, Martin Knoller S. 77/78.

gewesen ist, wird sich wohl nie entscheiden lassen. Jedenfalls entwickelt er in beiden Tätigkeiten eine unglaubliche Fruchtbarkeit. In Oberbayern malte er die Decken der Kirchen zu Vilgertshofen, Weyarn, Prien, Ingolstadt (Franziskanerkirche), Berg a. Laim, Dietramszell, Grafing, «in der Wies», St. Peter, München, Andechs, Schäftlarn, Neustift.

Zimmermann muß über große autodidaktische Fähigkeiten verfügt haben. Uns ist nichts bekannt, daß er als Maler irgend welche Lehre durchgemacht hätte, wir müssen anehmen, daß er es andern «abgesehen» hat; in erster Reihe käme hier wohl der Italiener Amigoni in Betracht, mit dem er in freundschaftlichen und kollegialen Beziehungen stand — als ausgebildeter Stuckator mußte er natürlich im Zeichnen geschult sein. Zimmermann umschifft glücklich die gefährlichen Klippen der Architekturperspektiven. Kommen Architekturen in seinen Fresken vor, so sind sie an den Rand gerückt und folgen der mehr vertikalen Wölbungsfläche.

Sein Gebiet ist die Landschaft, wie er als Stuckator besonders den naturalistischen Motiven zuneigt. Sein Baumschlag ist etwas gekünstelt, doch sind seine Fernen von zartestem Duft. Alle seine Bilder atmen Klarheit und Leichtigkeit, ein Zug, der ja auch seine frühesten Ornamente beseelt. Im Grundprinzip ist sich Zimmermann immer treu geblieben.

Die umfangreichste Tätigkeit in der malerischen Ausschmückung von Kirchendecken entfaltet Math. Guenther (1705—1791), ein Schüler von C. D. Asam. Er hat in Oberbayern in nicht weniger als 18 Kirchen sich als Urheber von Deckengemälden mit genauer Datierung bezeichnet u. a. in Garmisch, Mittenwald, Oberammergau, Rottenbuch, (Taf. XXXI, Fig. 65) «unseres Herrn Ruhe», Indersdorf, Rott a. Inn.

Am leichtesten sind die Deckenmalereien Chr. Winks (1738—1797) zu genießen, er ist der letzte bedeutendere Rokokomaler Oberbayerns. Von seinen Werken seien genannt die Malereien in Starnberg, Inning, (Taf. XXXI, Fig. 66), Kempfenhausen.

Von den übrigen zahlreichen Deckenmalern überragen den Durchschnitt: J. G. Bergmueller (1638—1726), Ign. Baldauff, J. B. Anwander, Zeiller (1710—1783), Dieffenbrunner (1718—1786),

J. Mages (1728—1769), Huber (1730—1815), Zick und Mart. Heigl (gest. 1776) (Schüler Zimmermanns).

Das Großartigste, was Oberbayern an Deckenmalereien besitzt, stammt von einem Ausländer: die Malereien im Chore der Klosterkirche zu Ettal und im Bürgersaal zu München von dem Oesterreicher Martin Knoller (1725 – 1804).[1]

Inhaltlich verwerten die Deckenmaler Stoffe aus der Bibel, der Heiligenlegende und den Klostergeschichten, vielfach mit symbolischen Andeutungen. Es ist anzunehmen, daß ihnen der Stoff mehr oder weniger von den geistlichen Auftraggebern vorgeschrieben wurde.

Finden Beziehungen zwischen Himmel und Erde statt, so ist der irdische Vorgang gewöhnlich an den Rand des Bildes gerückt, während die Gottheit, Maria und die Heiligen am Scheitel des Gewölbes in der Glorie triumphieren;[2] Engel und Putten herab- und hinaufschwebend, oft von großem zeichnerischen Schwunge bilden die vermittelnden Zwischenglieder. Die dem Erdenpilger erscheinenden himmlischen Gestalten geben zu mancherlei malerischen Lichteffekten Gelegenheit; allgemein wachsen die Farbentöne von unten herauf aus dem Schweren, Kräftigen allmählich ins Lichte, Freudige.

Die ungemein großen technischen Schwierigkeiten des Freskenmalens, auf die wir bereits aufmerksam machten, bedingten eine außerordentliche Schulung der Künstler. Es ist denn wohl auch niemals so viel mit Fleiß und Ausdauer «gearbeitet» worden, um die technischen Fähigkeiten eines Deckenmalers zu erringen, als im 18. Jahrhundert.

Intimere Reize bleiben der Deckenmalerei versagt. Ihre Wirkung ist eine rein dekorative. Mehr sollte und konnte sie dem Beschauer bei der großen Entfernung auch nicht geben. Trotzdem ist sie nicht bedeutungslos. Eine Rokoko-Kirche ohne Deckenmalerei bleibt immer unvollständig. In ihr kommt das Streben der kirchlichen Rokokokunst nach glänzenden Effekten zum sinnlich-berauschendsten Ausdruck.

Inneres Leben und Wärme erhält eine Rokoko-Kirche durch

---

[1] Vgl. Popp. Martin Knoller.
[2] Vgl. Zeitschrift des bayerischen Kunstgewerbe v. 1893 S. 19; Riehl, Studien über Barock und Rokoko in Oberbayern.

ihre Ausstattung: zu dieser gehören vor allem die Altäre. Besonders in den Hochaltären sind häufig Werke von ganz außerordentlicher Virtuosität geschaffen. Hier haben häufig Bildhauer, Maler, Stuckatoren, Holzschnitzer und Kistler gemeinsam gewetteifert, um Prunkstücke ersten Ranges entstehen zu lassen.[1]

Schaustücke von flotter Kunstfertigkeit sind vielfach auch die Kanzeln und Beichtstühle.

Die Wangen der Kirchenbänke sind meist in ausdrucksvoller Weise geschnitzt.

Wieviel Mühe man sich mit der inneren Ausstattung gab, geht daraus hervor, daß man gewöhnlich noch lange nach Vollendung der Bauarbeiten mit ihr zu tun hatte, ja, daß ihre Fertigstellung fast ebensoviel Zeit wie die Erbauung der ganzen Kirche in Anspruch nahm; daraus erklären sich zum Teil die langen von uns angegebenen Bauperioden.

---

[1] Vgl. Hoffmann, Der Altarbau im Erzbistum München und Freising.

SCHLUSSBETRACHTUNG.

Die Beziehungen der oberbayerischen Rokokokunst zu Augsburg haben wir im Verlauf unserer Skizze des öfteren hervorgehoben. Sie stellen aber, abgesehen von den großen Strömungen, die von Italien und Frankreich kamen, die einzige unmittelbare Einwirkung dar. Salzburger Einflüsse kommen nicht in Betracht.

Fassen wir alles das, was an und in den oberbayerischen Rokoko-Kirchen an Fleiß und künstlerischer Kraft aufgeboten ist, zusammen, so kommen wir zu dem Resultate, daß die kirchliche Baukunst in Oberbayern im 18. Jahrhundert eine eigenartige Blüte erlebt hat. Wir verkennen nicht, daß hier und da über das Ziel hinausgeschossen ist, daß Effekte erstrebt wurden, die mehr betäuben, als künstlerisch erfreuen. Ueberblicken wir aber von hoher Warte eine Entwicklung, die sich durch zwei Jahrhunderte hindurchzieht, so kann uns der allgemeine Aufschwung der kirchlichen Baukunst, der in der Mitte des 18. Jahrhunderts seinen Höhepunkt erreicht, nicht entgehen.

VERZEICHNIS DER TAFELN.

Taf.	I.	Fig.	1. München, St. Michael, Inneres (1583—1597).
		»	2. München, St. Michael, Grundriß (1583—1597).
»	II.	»	3. München, St. Michael, Gewölbe (1583—1597).
		»	4. Polling (1621—1628 umgestaltet).
»	III.	»	5. Wessobrunn, Stuckaturen im Jagdsaal (ca. 1700).
		»	6. Ebersberg, Sebastianskapelle (1669).
»	IV.	»	7. Fürstenfeld (1718—1731).
		»	8. Dietramszell (1729—1744).
		»	9. Beuerberg (1628—1630).
		»	10. Diessen. (1733—1739)
»	V.	»	11. Murnau (1717—1727).
		»	12. Ingolstadt, Franziskanerkirche (1739).
		»	13. Ettal, Hauptbau (1330), Fassadenbau und Chor (1710—1726). Neubau (1745—1761).
		»	14. Wies (1746—1754).
»	VI.	»	15. Schäftlarn (1733—1764).
		»	16. Berg am Laim (1737—1751).
		»	17. Rott (1759—1763).
»	VII.	»	18. München, Dreifaltigkeitskirche (1711—1715).
»	VIII.	»	19. Schönbrunn (1723—1724).
		»	20. Ruhpolding (1738—1757).
»	IX.	»	21. München, St. Johann Nepomuk (1713—1714).
		»	22. Schliersee (1713—1714).
»	X.	»	23. Fürstenfeld, Chor (1723 stuckiert).
		»	24. Fürstenfeld, Langhaus (1731 vollendet), Fensterdekoration.
»	XI.	»	25. Fürstenfeld, Langhaus (1731 vollendet), Fensterdekoration.
		»	26. Fürstenfeld, Langhaus, Hauptgewölbe (1731 vollendet).
»	XII.	»	27. und 28. Freising, Dom (1723—1724 umgestaltet).
»	XIII.	»	29. Freising, Dom (1723—1724 umgestaltet), Empore.
		»	30. München, St. Anna am Lehel (1729).
»	XIV.	»	31. München, St. Peter, Presbyterium (1729 stuckiert).
		»	32. München, St. Anna-Damenstift (1732 stuckiert).
»	XV.	»	33. und 34. Ingolstadt, Bürgersaal (1732—1736).
»	XVI.	»	35. München, Hl. Geistkirche (1724—1730 umgestaltet).
		»	36. Oberammergau (1736—1742).
»	XVII.	»	37. und 38. Weyarn (1729 stuckiert).
»	XVIII.	»	39. München, St. Jakob auf dem Anger (1737 stuckiert), Hauptschiff.
		»	40. München, St. Jakob auf dem Anger (1737 stuckiert), Seitenschiff.

Grundrisse (Fig. 7—17).

Taf.	XIX.	Fig. 41.	Prien (1738 stuckiert), Langhaus.
»		» 42.	Prien (1738 stuckiert), Chorpartie.
»	XX.	» 43.	Raitenhaßlach (1735—1743) umgestaltet.
		» 44.	Berg am Laim (1739—1744).
»	XXI.	» 45.	Dietramszell (1744 stuckiert).
		» 46.	Diessen (1733—1739), Oratorium.
»	XXII.	» 47.	Diessen (1733—1739), Presbyterium.
		» 48.	Steingaden (1729—1754 umgestaltet).
»	XXIII.	» 49.	Rottenbuch (1738—1757 umgestaltet).
		» 50.	Sandizell (1736 stuckiert).
»	XXIV.	» 51.	Wies (1746—1754), Hauptschiff.
		» 52.	Wies (1746—1754), Chor.
»	XXV.	» 53.	Andechs (1752—1756 umgestaltet).
		» 54.	Schäftlarn (1756 stuckiert).
»	XXVI.	» 55.	Neustift (1756 stuckiert).
		» 56.	Rott am Inn (1759—1763).
»	XXVII.	» 57.	Rott am Inn (1759—1763), Seitenschiff.
		» 58.	Baumburg (1757 umgestaltet).
»	XXVIII.	» 59.	Landsberg, Maltheserkirche (1752—1754).
		» 60.	Altomünster (1763—1773 umgestaltet).
»	XXIX.	» 61.	Starnberg (2. Hälfte des 18. Jahrhunderts).
		» 62.	Perchting (2. Hälfte des 18. Jahrhunderts).
»	XXX.	» 63.	Wessobrunn (1759).
		» 64.	Wiechs (1754—1758).
»	XXXI.	» 65.	Rottenbuch, Deckengemälde von Günther (1742).
		» 66.	Inning, Deckengemälde von Wink (1767).

TAFELN.

(Tafel I—VII (Fig. 1—18) sind dem Werke: Die Kunstdenkmale des Regierungsbezirkes Oberbayern von Bezold und Riehl entnommen. Die übrigen Tafeln beruhen auf eigenen Originalaufnahmen.)

Taf. I.

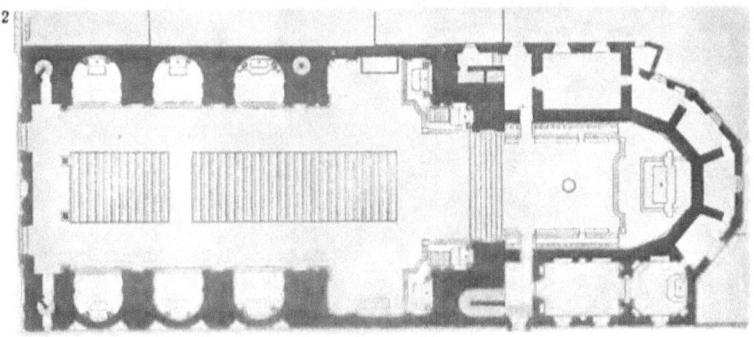

München, St. Michael (1583—1597). — 1) Inneres. — 2) Grundriß.

Taf. II.

4) Polling (1621–1628 umgestaltet).

3) München, St. Michael (1583–1597), Gewölbe.

Taf. III.

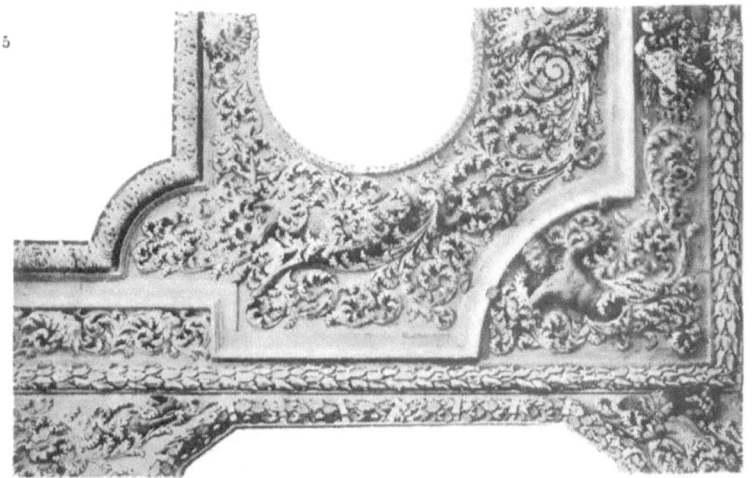

5) Wessobrunn, Stuckaturen im Jagdsaal (c. 1700).
6) Ebersberg, Sebastianskapelle (1669).

Taf. IV.

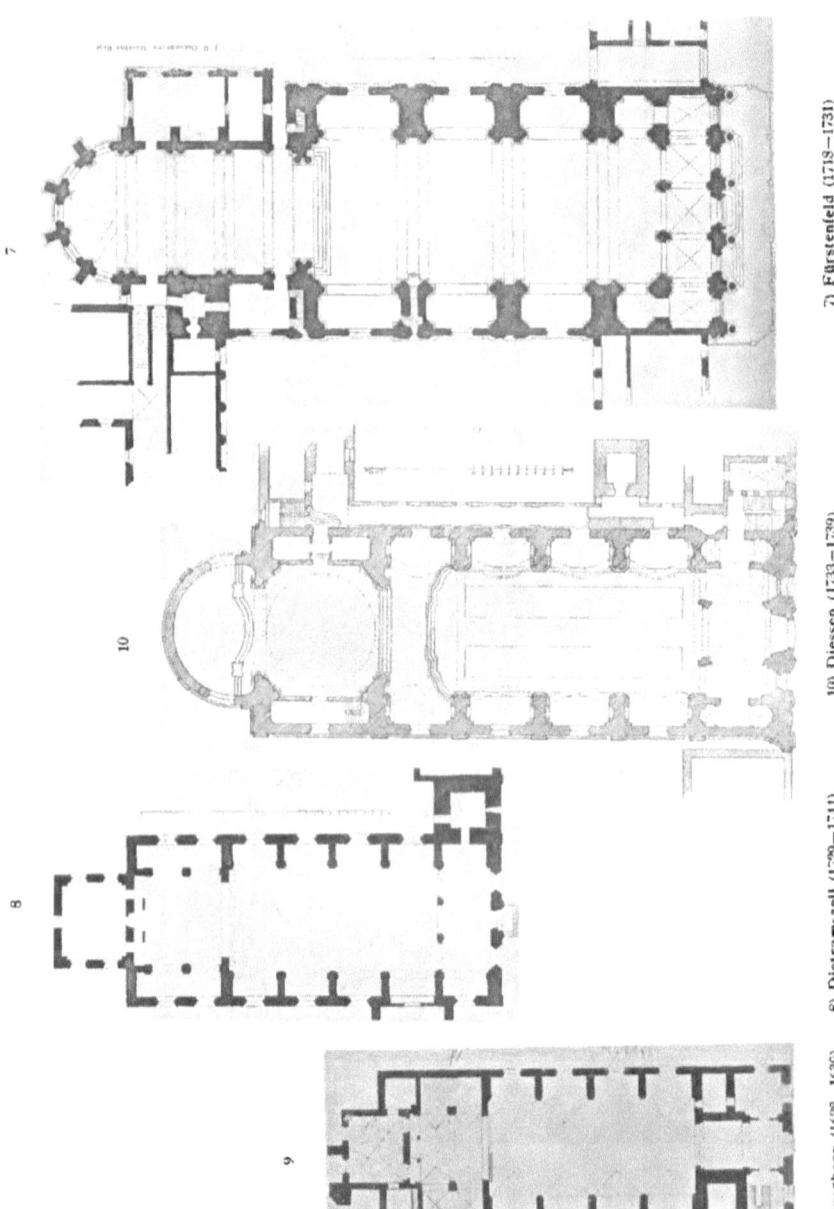

Taf. V.

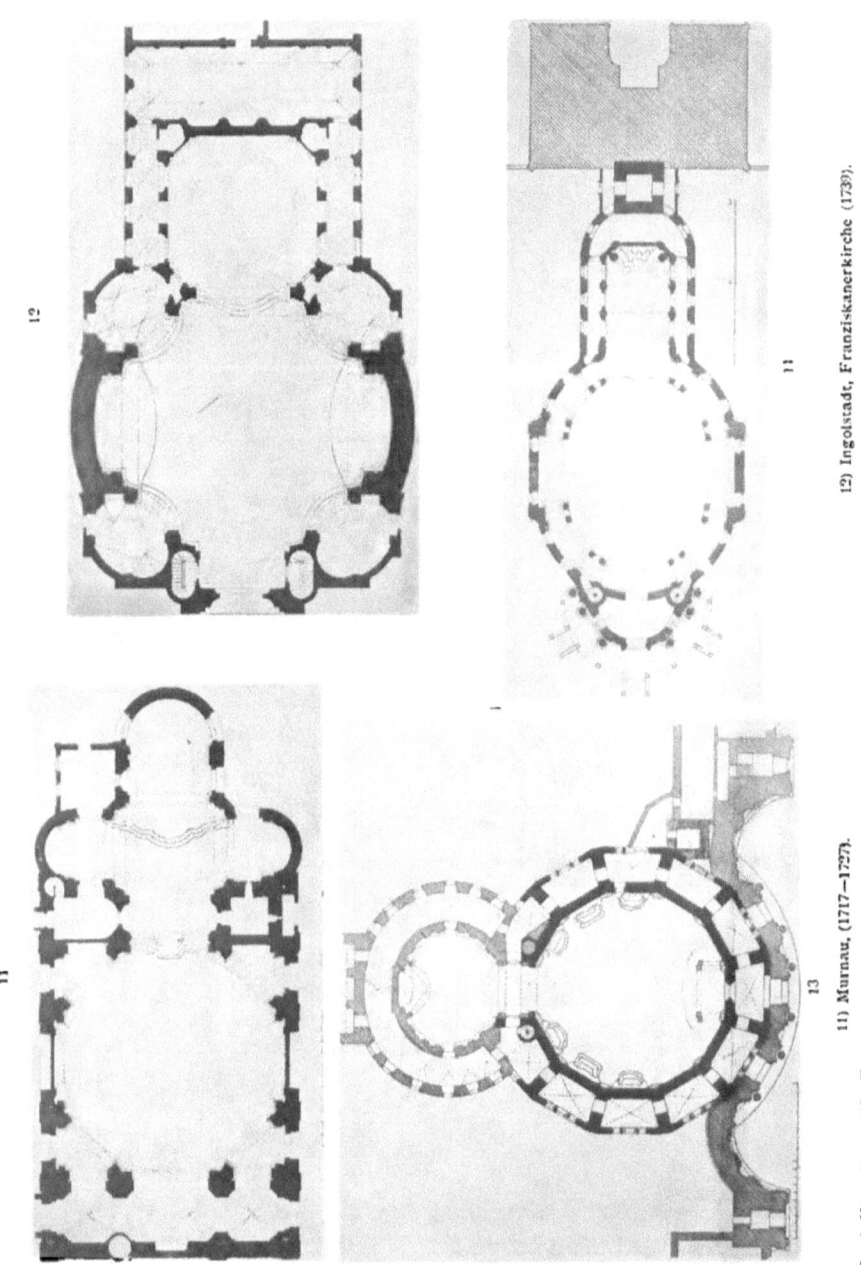

11) Murnau, (1717–1727).
12) Ingolstadt, Franziskanerkirche (1739).
13) Ettal, Hauptbau (1333), Fassadenbau und Chor (1710–1726), Neubau (1745–1761).
14) Wies, (1746–1754).

Taf. VI

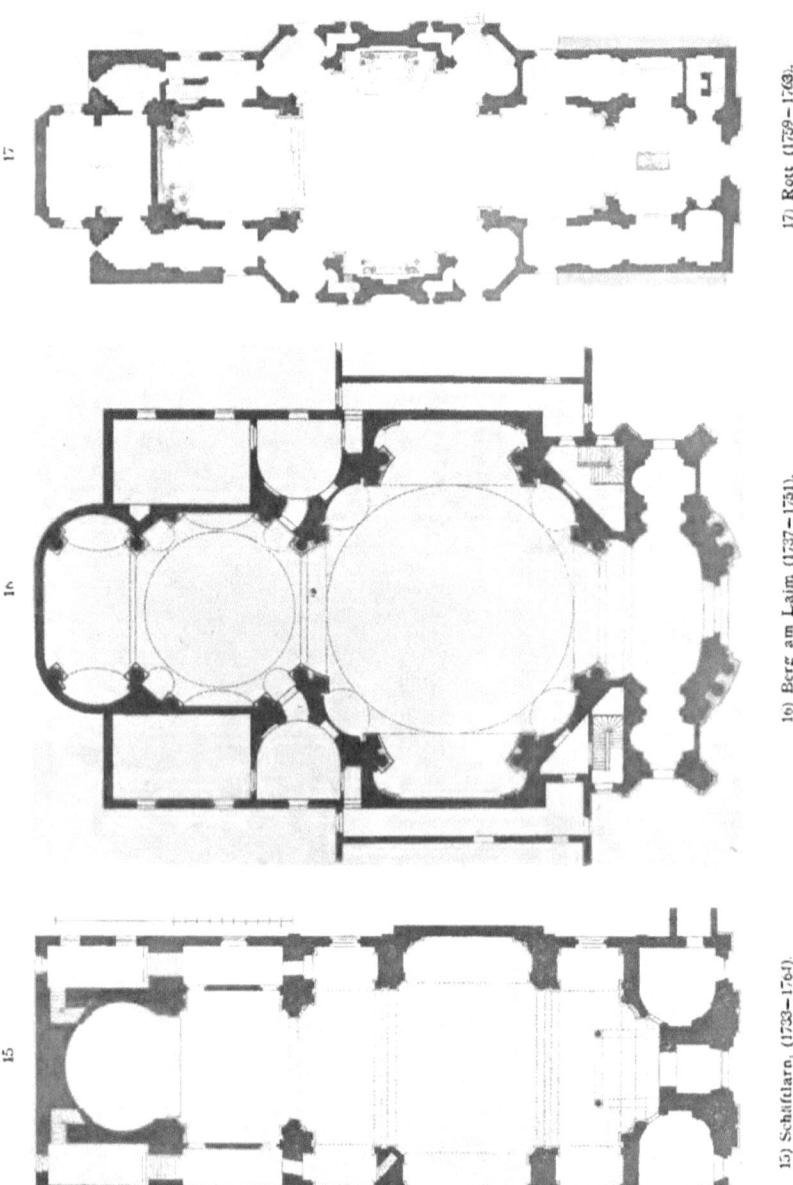

15) Schäftlarn. (1733–1764).
16) Berg am Laim (1737–1751).
17) Rott (1759–1763).

Taf. VII.

18) München, Dreifaltigkeitskirche (1711—1715).

Taf. VIII.

19) Schönbrunn (1723—1724). — 20) Ruhpolding (1738—1757).

Taf. IX.

21) München, St. Johann Nepomuk (1713—1714).
22) Schliersee (1713—1714).

Taf. X.

23) Fürstenfeld, Chor (1723 stuckiert).
24) Fürstenfeld, Langhaus (1731 vollendet), Fensterdekoration.

Taf. XI.

25) Fürstenfeld, Langhaus (1731 vollendet), Fensterdekoration.
26) Fürstenfeld, Langhaus, Hauptgewölbe (1731 vollendet).

Taf. XII.

27) und 28) Freising, Dom (1723—1724 umgestaltet).

Taf. XIII.

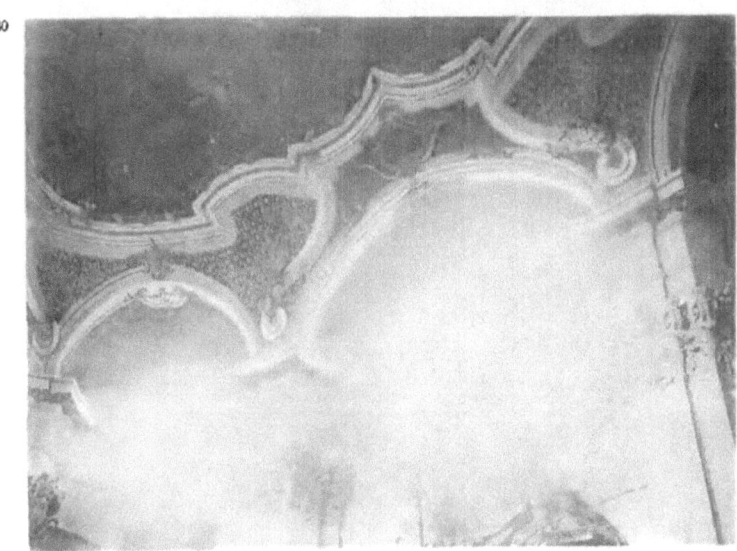

29) Freising, Dom (1723–1724 umgestaltet), Empore.
30) München, St. Anna am Lehel (1729).

Taf. XIV.

31) München, St. Peter, Presbyterium (1729 stuckiert).
32) München, St. Anna - Damenstift (1732 stuckiert).

Taf. XV.

33) und 34) Ingolstadt, Bürgersaal (1732–1736).

Taf. XVI.

35) München, Hl. Geistkirche (1724—1730 umgestaltet).
36) Oberammergau (1736—1742).

Taf. XVII.

37) und 38) Weyarn (1729 stuckiert).

Taf. XVIII.

39) München, St Jakob auf dem Anger (1737 stuckiert), Hauptschiff.
40) Seitenschiff.

Taf. XIX.

41) Prien (1738 stuckiert), Langhaus.
42) Chorpartie.

Taf. XX.

43) Raitenhaßlach (1735—1743) umgestaltet.
44) Berg am Laim (1739—1744).

Taf. XXI.

45) Dietramszell (1744 stuckiert).
46) Diessen (1733—1739), Oratorium.

XXII.

48) Steingaden (1729–1754) umgestaltet.

47) Diessen (1733–1739), Presbyterium.

Taf. XXIII.

49) Rottenbuch (1738—1757 umgestaltet).
50) Sandizell (1736 stuckiert).

Taf. XXIV.

51) Wies (1746—1754), Hauptschiff.
52) Chor.

Taf. XXV.

53) Andechs (1752—1756 umgestaltet).
54) Schäftlarn (1756 stuckiert).

Taf. XXVI.

55) Neustift (1756 stuckiert).
56) Rott am Inn (1759—1763).

Taf. XXVII.

57) Rott am Inn (1759—1763), Seitenschiff.
58) Baumburg (1757 umgestaltet).

Taf. XXVIII.

59) Landsberg, Maltheserkirche (1752–1754).
60) Altomünster (1763–1773 umgestaltet).

Taf. XXIX.

61

62

61) Starnberg (zweite Hälfte des 18. Jahrhunderts).
62) Perchting (zweite Hälfte des 18. Jahrhunderts).

Taf. XXX.

63) Wessobrunn (1759).
64) Wiechs (1754—1758).

Taf. XXXI.

65) Rottenbuch, Deckengemälde von Günther (1742).
66) Inning, Deckengemälde von Wink (1767).

www.ingramcontent.com/pod-product-compliance
Lightning Source LLC
Chambersburg PA
CBHW030829230426
43667CB00008B/1440